中宣部2022年主题出版重点出版物

"十四五"国家重点图书出版规划项目

纪录小康工程

全面建成小康社会

山东大事记

SHANDONG DASHIJI

本书编写组

山东人民出版社

责任编辑：崔　敏　战海霞
封面设计：石笑梦
版式设计：胡欣欣

图书在版编目（CIP）数据

全面建成小康社会山东大事记／本书编写组编 .—济南：山东人民出版社，
　2022.10
（"纪录小康工程"地方丛书）
ISBN 978－7－209－13801－7

I.①全…　II.①本…　III.①小康建设－大事记－山东　IV.① F124.7

中国版本图书馆 CIP 数据核字（2022）第 071541 号

全面建成小康社会山东大事记

QUANMIAN JIANCHENG XIAOKANG SHEHUI SHANDONG DASHIJI

本书编写组

山东人民出版社出版发行
（250003　济南市市中区舜耕路 517 号）

山东临沂新华印刷物流集团有限责任公司印刷　新华书店经销

2022 年 10 月第 1 版　2022 年 10 月济南第 1 次印刷
开本：710 毫米 ×1000 毫米 1/16　印张：17
字数：200 千字

ISBN 978－7－209－13801－7　定价：59.50 元

邮购地址 250003　济南市市中区舜耕路 517 号
山东人民出版社市场部　电话：(0531) 82098027

总　序

为民族复兴修史　为伟大时代立传

　　小康，是中华民族孜孜以求的梦想和夙愿。千百年来，中国人民一直对小康怀有割舍不断的情愫，祖祖辈辈为过上幸福美好生活劳苦奋斗。"民亦劳止，汔可小康""久困于穷，冀以小康""安得广厦千万间，大庇天下寒士俱欢颜"……都寄托着中国人民对小康社会的恒久期盼。然而，这些朴素而美好的愿望在历史上却从来没有变成现实。中国共产党自成立那天起，就把为中国人民谋幸福、为中华民族谋复兴作为初心使命，团结带领亿万中国人民拼搏奋斗，为过上幸福生活胼手胝足、砥砺前行。夺取新民主主义革命伟大胜利，完成社会主义革命和推进社会主义建设，进行改革开放和社会主义现代化建设，开创中国特色社会主义新时代，经过百年不懈奋斗，无数中国人摆脱贫困，过上衣食无忧的好日子。

　　特别是党的十八大以来，以习近平同志为核心的党中央统揽中华民族伟大复兴战略全局和世界百年未有之大变局，团结带领全党全国各族人民统筹推进"五位一体"总体布局、协调推进"四个全面"战略布局，万众一心战贫困、促改革、抗疫情、谋发展，党和国家事业取得历史性成就、发生历史性变革。在庆祝中国共产党成立100周年大会上，习近平总书记庄严宣告："经过全党全国各族人民持续奋斗，我们实现了第一个百年奋斗目标，在中华大地上全面建成了小康社会，历史性地解决了绝对贫困问题，正在意气风发向着全面建成社会主义现代化强国的第二个百年奋斗目标迈进。"

这是中华民族、中国人民、中国共产党的伟大光荣！这是百姓的福祉、国家的进步、民族的骄傲！

全面小康，让梦想的阳光照进现实、照亮生活。从推翻"三座大山"到"人民当家作主"，从"小康之家"到"小康社会"，从"总体小康"到"全面小康"，从"全面建设"到"全面建成"，中国人民牢牢把命运掌握在自己手上，人民群众的生活越来越红火。"人民对美好生活的向往，就是我们的奋斗目标。"在习近平总书记坚强领导、亲自指挥下，我国脱贫攻坚取得重大历史性成就，现行标准下9899万农村贫困人口全部脱贫，建成世界上规模最大的社会保障体系，居民人均预期寿命提高到78.2岁，人民精神文化生活极大丰富，生态环境得到明显改善，公平正义的阳光普照大地。今天的中国人民，生活殷实、安居乐业，获得感、幸福感、安全感显著增强，道路自信、理论自信、制度自信、文化自信更加坚定，对创造更加美好的生活充满信心。

全面小康，让社会主义中国焕发出蓬勃生机活力。经过长期努力特别是党的十八大以来伟大实践，我国经济实力、科技实力、国防实力、综合国力跃上新的大台阶，成为世界第二大经济体、第一大工业国、第一大货物贸易国、第一大外汇储备国，国内生产总值从1952年的679亿元跃升至2021年的114万亿元，人均国内生产总值从1952年的几十美元跃升至2021年的超过1.2万美元。把握新发展阶段、贯彻新发展理念、构建新发展格局、推动高质量发展，全面建设社会主义现代化国家，我们的物质基础、制度基础更加坚实、更加牢靠。全面建成小康社会的伟大成就充分说明，在中华大地上生气勃勃的创造性的社会主义实践造福了人民、改变了中国、影响了时代，世界范围内社会主义和资本主义两种社会制度的历史演进及其较量发生了有利于社会主义的重大转变，社会主义制度优势得到极大彰显，中国特色社会主义道路越走越宽广。

全面小康，让中华民族自信自强屹立于世界民族之林。中华民族有五千多年的文明历史，创造了灿烂的中华文明，为人类文明进步作出了卓越贡献。近代以来，中华民族遭受的苦难之重、付出的牺牲之大，世所罕见。中国共产党带领中国人民从沉沦中觉醒、从灾难中奋起，前赴后继、百折不挠，战胜各种艰难险阻，取得一个个伟大胜利，创造一个个发展奇迹，用鲜血和汗水书写了中华民族几千年历史上最恢宏的史诗。全面建成小康社会，见证了中华民族强大的创造力、坚韧力、爆发力，见证了中华民族自信自强、守正创新精神气质的锻造与激扬，实现中华民族伟大复兴有了更为主动的精神力量，进入不可逆转的历史进程。今天，我们比历史上任何时期都更接近、更有信心和能力实现中华民族伟大复兴的目标，中国人民的志气、骨气、底气极大增强，奋进新征程、建功新时代有着前所未有的历史主动精神、历史创造精神。

全面小康，在人类社会发展史上写就了不可磨灭的光辉篇章。中华民族素有和合共生、兼济天下的价值追求，中国共产党立志于为人类谋进步、为世界谋大同。中国的发展，使世界五分之一的人口整体摆脱贫困，提前十年实现联合国 2030 年可持续发展议程确定的目标，谱写了彪炳世界发展史的减贫奇迹，创造了中国式现代化道路与人类文明新形态。这份光荣的胜利，属于中国，也属于世界。事实雄辩地证明，人类通往美好生活的道路不止一条，各国实现现代化的道路不止一条。全面建成小康社会的中国，始终站在历史正确的一边，站在人类进步的一边，国际影响力、感召力、塑造力显著提升，负责任大国形象充分彰显，以更加开放包容的姿态拥抱世界，必将为推动构建人类命运共同体、弘扬全人类共同价值、建设更加美好的世界作出新的更大贡献。

回望全面建成小康社会的历史，伟大历程何其艰苦卓绝，伟大胜利何其光辉炳耀，伟大精神何其气壮山河！

这是中华民族发展史上矗立起的又一座历史丰碑、精神丰碑！这座丰碑，凝结着中国共产党人矢志不渝的坚持坚守、博大深沉的情怀胸襟，辉映着科学理论的思想穿透力、时代引领力、实践推动力，镌刻着中国人民的奋发奋斗、牺牲奉献，彰显着中国特色社会主义制度的强大生命力、显著优越性。

因为感动，所以纪录；因为壮丽，所以丰厚。恢宏的历史伟业，必将留下深沉的历史印记，竖起闪耀的历史地标。

中央宣传部牵头，中央有关部门和宣传文化单位，省、市、县各级宣传部门共同参与组织实施"纪录小康工程"，以为民族复兴修史、为伟大时代立传为宗旨，以"存史资政、教化育人"为目的，形成了数据库、大事记、系列丛书和主题纪录片4方面主要成果。目前已建成内容全面、分类有序的4级数据库，编纂完成各级各类全面小康、脱贫攻坚大事记，出版"纪录小康工程"丛书，摄制完成纪录片《纪录小康》。

"纪录小康工程"丛书包括中央系列和地方系列。中央系列分为"擘画领航""经天纬地""航海梯山""踔厉奋发""彪炳史册"5个主题，由中央有关部门精选内容组织编撰；地方系列分为"全景录""大事记""变迁志""奋斗者""影像记"5个板块，由各省（区、市）和新疆生产建设兵团结合各地实际情况推出主题图书。丛书忠实纪录习近平总书记的小康情怀、扶贫足迹，反映党中央关于全面建成小康社会重大决策、重大部署的历史过程，展现通过不懈奋斗取得全面建成小康社会伟大胜利的光辉历程，讲述在决战脱贫攻坚、决胜全面小康进程中涌现的先进个人、先进集体和典型事迹，揭示辉煌成就和历史巨变背后的制度优势和经验启示。这是对全面建成小康社会伟大成就的历史巡礼，是对中国共产党和中国人民奋斗精神的深情礼赞。

历史昭示未来，明天更加美好。全面建成小康社会，带给中国人民的是温暖、是力量、是坚定、是信心。让我们时时回望小康历程，深入学习贯彻习近平新时代中国特色社会主义思想，深刻理解中国共产党为什么能、马克思主义为什么行、中国特色社会主义为什么好，深刻把握"两个确立"的决定性意义，增强"四个意识"、坚定"四个自信"、做到"两个维护"，以坚如磐石的定力、敢打必胜的信念，集中精力办好自己的事情，向着实现第二个百年奋斗目标、创造中国人民更加幸福美好生活勇毅前行。

目　录

一九四九年

10月7日—29日 省政府工商部召开全省工商行政会议，总结全省工商业恢复发展情况，提出贯彻劳资两利、内地贸易自由、组织城乡和内外物资交流、加强市场管理、整理旧工商组织、建立系统的统调工作和报告制度以及健全各地工商行政机构等政策措施。

12月15日 省政府批准成立省府机关节约救灾委员会，号召机关人员自12月起至1950年5月止，每人每月节约粮食2斤，并决定将现有库存棉花26万斤、旧棉絮17万斤拨给灾区。

一九五〇年

2月14日 省政府下达《关于1950年卫生工作的指示》，强调加强防疫抢救工作，有重点地建立健全卫生机构，开展妇婴卫生保健工作。

7月 山东新华制药厂方人林等8人共同研制成功治疗黑热病的特效药——葡萄糖酸锑钠，对山东、苏北、皖北等地防治黑热病发挥了重大作用。1978年获全国科学大会奖。

9月15日 山东分局发出完成与结束土改指示。指示指出：山东为老解放区，大部地区已经进行了土地改革，基本上废除了封建土地所有制。尚未实行土地改革的地区只占9%左右，应按照土地改革法的规定实行土地改革。10月20日，省政府公布《山东省土地改革实施办法》，分别对老区、恢复区和新区的土地改革提出了不同的要求、方法和步骤，规定了对各阶级、阶层和个人的不同政策。

一九五一年

6月 全省国营工矿企业开展民主改革补课运动。根据山东分局《关于加强国营工矿工作的决定》，青岛、济南、徐州、淄博、烟台、新海连、济宁、潍坊、德州等城市国营工矿企业，从本月起集中开展了民主改革补课运动。运动期间进行彻底的民主改革，整顿车间劳动组织，取消把头制，建立车间责任制，改选工厂管理委员会。至8月，较大国营工矿企业的民主改革补课运动基本结束。

9月 全省土地改革工作基本结束。彻底废除封建土地制度的土地改革历经6年，共没收地主土地3436万余亩，有近3000万农民得益。

一九五二年

5月29日 山东省人民政府委员会举行第十一次会议，通过《关于加强老根据地建设计划纲要》，同时成立山东省老根据地建设委员会。1952年10月、1953年4月，中央先后拨给山东省老根据地建设经费共计648亿元（旧人民币），实际开支475亿余元（旧人民币）。修筑公路466公里，山间道路3145公里，桥涵277座，蓄水池58个，水井252眼；补助耕畜3009头，大型农具2104件；建烈士子女小学4处，完小48处；建卫生院29处，卫生所44处。

8月2日 省政府财经委员会贯彻毛泽东关于在今后数年内要解决大城市的工人住宅问题的指示，颁发《关于修建职工宿舍的通知》，要求有计划、有组织、有步骤地解决职工住宿问题。年内由国营企业和人民政府兴建的职工宿舍达36万余平方米，其中较集中、较大的有济南市的工人新村（2545间）、济南铁路局的二七新村（3444间）、青岛市的天门山工人宿舍、淄博市的峨嵋新村等。

9月6日—14日 山东省人民政府召开全省劳动就业会议，传达贯彻政务院《关于劳动就业问题的决定》，确定为配合国家大规模的经济建设，在三五年内全面地、统一地、有步骤地彻底消灭旧社会遗留下来的失业问题的方针。到年底，在山东省各地登记的94100名城镇失业人员中，由劳动部门介绍就业的有32700名，其他人员或生产自救、还乡生产，或以工代赈，由政府工会救济，均得到安置。

一九五三年

9月19日 山东分局印发《关于工矿企业增产节约部署的意见》，要求各工矿企业制订切实可行的增产节约计划，开展群众性的劳动竞赛运动。此后，全省广泛深入地掀起了增产节约运动。

12月7日 山东省导沭整沂工程完工。该工程于1949年4月21日动工，先后有民工114万人次，技术工人4500余人参加。共挖河85公里，筑堤800余公里，建各种建筑物53座，工程开支经费总计4500亿元（旧人民币）。此工程可使鲁南、苏北500万人口的地区、1450万亩耕地减少水患，并为进一步治理沂、沭河和南四湖流域创造了条件。

一九五四年

10 月 20 日—30 日　省政府计划委员会召开全省第一次计划工作会议，讨论修改全省"一五"计划草案，初步规划至 1957 年工业总产值达到 18.2 亿万元（旧人民币），平均每年递增 13%；农业及其副业的产值达到 50.29 亿万元（旧人民币），平均年递增 5% 左右；五年内基本建设投资总额为 3.57 亿万元（旧人民币），交通运输、文教卫生事业将有较大发展。

10 月　山东新华制药厂建成国内第一个年产 100 吨化学合成原料药非那西汀的生产车间，居当时世界先进水平。

一九五五年

2月28日—3月19日 山东省手工业工作会议召开，确定有准备、有步骤、有目的地实行手工业社会主义改造。

12月8日—16日 省委召开私营工商业改造会议。会议确定，在今后两年内，将全省资本主义工商业逐行逐业分批分期地基本上纳入公私合营轨道。其中，在工业方面，将现有10人以上的私营工业全部按行业实行公私合营，并根据需要对10人以下的私营工业通过全业公私合营的形式进行改造。在商业方面，以公私合营形式为主，辅以其他形式进行全业改造，对资本主义性质的汽车、渔轮、营造业，于1956年全部实行公私合营。

一九五六年

3月16日—21日 省委召开工业会议，贯彻执行"多快好省"方针，研究解决提高产品质量问题，部署发动全省工业劳动竞赛，保证提前超额完成"一五"计划。

4月2日 第一个五年建设计划期间国家重点项目——打渔张引黄灌溉工程正式开工。11月30日，引黄闸竣工放水。整个灌区工程于1958年8月竣工。干支渠控制灌溉面积169万亩。此为山东省第一个大型灌溉工程。

6月6日 省委发出《关于建立农业增产示范区的通知》，确定以黄县为基点，建立小麦、玉米丰产示范区；以文登为基点，建立花生、地瓜丰产示范区；以桓台为基点，建立小麦丰产、水利示范区；以高唐为基点，建立棉花丰产示范区；以莘县为基点，建立粮食丰产示范区；以滋阳为基点，建立粮食丰产示范区；以蒙阴为基点，建立发展山区生产示范区。

一九五七年

3月18日—23日 山东省第一次山区工作会议召开。会议确定，第一步在三五年内，基本上制止水土流失，使山区人民够吃、够烧、够穿、够用；第二步使山区人民过上丰衣足食的生活。会议要求动员各方面力量支援山区建设。

10月9日 毛泽东在《山东莒南县厉家寨大山农业社千方百计争取丰收再丰收》的报告上作了"愚公移山，改造中国，厉家寨是一个好例"的批示。

11月3日—10日 山东省社会主义农业积极分子代表大会在济南举行，与会代表1464人。省委第一书记代表省委提出了1958年和"二五""三五"计划发展农业的奋斗目标，要求1958年保证完成生产粮食320亿斤、棉花456万担、花生23亿斤的任务。省委书记处书记作了《克服右倾保守思想，迅速掀起生产高潮，为促进农业生产的大跃进而奋斗》的报告。

12月15日—26日 省委召开全省山区工作会议，传达贯彻中央山区生产座谈会和全国水土保持工作会议精神，动员全党以愚公移山精神建设山区。会议讨论通过《山东省1958年至1967年发展山区生产规划纲要（草案)》。

一九五八年

1月5日—14日　山东省林业工作会议在济南举行。省委第一书记作了《加速绿化，提前绿化，掀起大规模的绿化高潮，为争取三年造完林五年绿化全省而奋斗！》的报告。会上有 27 个县（市）表示 1958 年即达到全部绿化。

1月　省委决定在全省大面积试种水稻，并确定山东的水稻生产分三步走：第一步，1958 年进行水稻的大面积试种，由原来的 70 万亩增至 363 万亩；第二步，1959 年全面铺开；第三步，1962 年力求达到 2000 万亩至 4000 万亩。此后，省委专门成立了以省农业厅厅长为主任的水稻生产办公室，并先后派出 7 万余人赴外地学习技术。此后，济南、青岛、临沂、济宁等地陆续进行了旱改稻的工作。

7月16日　省卫生厅向卫生部、省委、省人委报告，全省已基本消灭黑热病，发病率由万分之三十五降到万分之零点五。几年来共治疗患者 25 万余人。

8月9日　毛泽东视察济南郊区北园乡北园农业社时提出"还是办人民公社好"。20 日，北园乡办起北园人民公社。这是山东省第一个人民公社，也是全国成立最早的人民公社之一。

8月28日　中国第一座海带自然光育苗室在山东水产养殖场建成，使海带养殖成本明显降低，产量有较大幅度的增长，为全国发展海带养殖作出重大贡献。1964 年，该成果被国家科委列入发明纪录。

一九五九年

1月9日 省委、省人委发布《关于切实做好当前人民生活问题的几项具体规定》，要求各级党政部门加强领导，把群众的劳动和休息有节奏地结合起来，办好公共食堂、托儿所、幼儿园、敬老院，改善居住条件，做好卫生防疫工作，积极开展群众性的文体活动。

10月下旬—11月上旬 省委召开由地、县委第一书记和分管农业书记参加的冬季工作"六边"（边看、边听、边议、边决、边写、边行）现场会议。通过对10个县、16个人民公社的现场查看、经验介绍、就实论虚、会内会外相结合，迅速把全省农村以两条道路斗争和社会主义教育为纲，以大搞水肥土林、狠抓麦田管理、全面发展多种经济为主要内容的冬季生产运动推向新的高潮。1960年1月7日，《人民日报》就此发表题为《一个成功的现场会议》的社论。

一九六〇年

4月　济南汽车制造厂试制成功黄河牌 JN150 型 8 吨载重汽车，填补了国内重型汽车生产的空白。1963 年 10 月，被定为国家定型产品。1964 年 5 月，获国家科委工业新产品一等奖。

7月24日　省委、省人委决定从本年开始 3 年内全部垦完渤海垦区荒地和基本解决生产用水及防潮问题，初步建成综合性的出口商品基地。开发区和建立商品生产基地所需人力、物力和资金设备纳入国家计划，自本年到 1962 年以移民方式从全省调配 5 万—7 万整半劳力（连同家属约 30 万人）到垦区。

10月5日　省委公布《关于当前农村若干政策问题的规定》。其主要内容是：（一）公社体制，队为基础，五年一律不变；（二）制订生产计划，由队当家作主；（三）实行"三包一奖"（包工、包产、包成本、超产奖），确保小队六权（有权因地种植，有权安排各种农活，有权制定本队的技术措施和劳动定额，有权经营小量副业，有权开垦零星荒地多种多收，有权开支小队所有的部分资金）；（四）小队"四个固定"（劳动固定、畜力固定、农具固定、地片固定），谁也不能乱动；（五）保证农业生产必需的劳力并且集中使用，避免分散；（六）保证发展耕畜，牛驴骡马并举；（七）扩大耕地面积，增产粮、棉、油、菜；（八）配齐锄镰锨镢，增添和保护机械动力；（九）水利小型为主，扩大实灌面积；（十）分配要三方面兼顾（国家、集体、个人），粮食要四头打紧（征购、口粮、种子、饲料），四头兑现；(十一)保证基本口粮，节约全部归己；(十二)种好自留地，大养家畜禽；(十三)积极组织收入，按期发放工资；(十四)抽空打柴采菜，谁收归谁所有；(十五)社员生活资料，绝对不许侵犯；(十六)积极办好食堂，保证吃粗吃饱；(十七)坚持劳逸结合，关心群众生活；(十八)干部要严守"四同、八不"(同吃、同住、同劳动、同商量；不虚报浮夸、弄虚作假，不一平二调刮"共产风"，不强迫命令，不铺张浪费，不贪污腐化，不打击报复，不自以为是，不自居特殊)。

10月27日 省委发出《关于开展生产救灾运动的紧急指示》，确定生产救灾是一切工作的中心，号召全省党政军民紧急动员起来，为战胜灾荒、恢复生产而奋斗。11月21日，省人委又发出布告，布置做好救灾的具体工作，主要是：秋收中精打细收，种越冬菜200万亩，掀起种粮、种菜、收集代食品运动；少征公粮，按低标准落实安排社员生活；开展捐献粮食、衣物运动，支援灾民；开展疾病防治工作；压缩城镇人口，抽调干部加强农业战线。

一九六一年

6月3日 省委、省人委联合发出《关于进一步加强农村集市贸易领导的指示》，要求各地认真贯彻"活而不乱，管而不死"的方针，加强对集市的行政管理，使集市贸易顺利地发展。到年底，山东省共开放农村集市4492处，试办贸易货栈和农民服务部452处。

9月26日 毛泽东在邯郸召集山东、河北省委负责人会议。会议的中心议题是座谈生产队实行"大包干"的问题。山东、河北两省分别汇报了实行"大包干"的情况，毛泽东作了指示，明确指出：生产队实行"大包干"是个好办法。

10月30日—11月8日 省林业工作会议在济南举行，会议研究制定了林业发展规划和政策。11月7日，省委、省人委发出《关于加速发展林业生产的决定》，要求家家户户植树造林，社社队队大搞造林绿化，积极办好国营林场，划分自留山（滩），做到3年至5年初见成效，5年至10年大见成效，10年至15年或者更长一点时间实现民用木材、矿柱材和薪炭材基本自给。

11月18日—12月4日 省委召开全省工业会议。会议传达中央庐山工作会议精神，总结了3年"大跃进"的经验教训，布置了全省工业战线方面的工作。会议确定，必须进一步贯彻"调整、巩固、充实、提高"的方针。整个调整工作必须抓住生产力和生产关系两个方面大力进行，不能顾此失彼。在生产力方面，主要是适当降低重工业的发展速度，加强现有设备的维修配套工作，逐步恢复和提高现有设备的生产能力，以便有效地集中人力、物力、财力加强农业、轻工业、交通运输业和采掘工业。在生产关系方面，除加强集中统一领导和逐步整顿、健全各部门、各地区、各企业之间的经济协作关系外，主要是通过贯彻试行《国营工业企业工作条例（草案)》，逐步调整企业内部生产关系。

12月17日　毛泽东路过济南，省委负责人汇报了山东的工作情况。毛泽东就山东的灾情、权力下放、大包干、建设经济作物基地、实行粮棉烟油统算、争取粮食自给等12个问题作了指示。

一九六二年

9月23日 山东在东营地区打出的日产555吨的高产油井，成为当时全国日产最高的油井，九二三厂由此得名，后改名胜利油田。

11月6日—12日 山东省历史学会、山东省历史研究所主办的孔子学术讨论会在济南举行。16个省市的知名学者及史学、哲学工作者160余人参加了会议。中国科学院社会科学部负责人、山东省人民政府副省长到会讲话。这是新中国成立后国内规模空前的孔子学术讨论会。

一九六三年

4月9日 毛泽东在济南听取了白如冰、杨得志、袁升平关于农村社会主义教育、城市增产节约、"五反"、农业生产救灾、军队开展"四好"连队和"五好"战士运动情况的汇报，并对山东工作作了指示。

12月6日 省委、省人委发出《关于开展农村副业生产、发展多种经济的指示》，要求各地明确树立以农为主、以副养农、全面发展、长期建设的指导思想，因地制宜地对农、林、牧、副多种经济实行统一规划、全面安排。

12月9日—15日 中共山东省第二次代表大会在济南举行，出席代表775人。大会听取并通过省委第一书记代表上届省委所作的《全党进一步团结起来，高举毛泽东思想红旗，为争取国民经济全面新高潮而奋斗》的工作报告。

一九六四年

4月19日　邓小平、彭真在济南听取山东省关于干部甄别平反、农业生产的恢复和发展、农业生产计划及长远规划、农田水利基本建设、农村社会主义教育运动等问题的汇报，并作出指示。

4月　青岛电器元件厂设计并试制成功原子弹试验用电源，为10月16日中国第一颗原子弹爆炸成功作出了贡献。中共中央、国务院、中央军委为此发来贺电。

6月5日—7月31日　文化部在北京举行全国京剧现代戏剧观摩演出大会。山东省有省京剧团创作和演出的《奇袭白虎团》、淄博市京剧团改编并与青岛市京剧团合演的《红嫂》。8月10日、12日，毛泽东等党和国家领导人观看了上述两剧，并上台同演员们握手、合影。

11月25日　省委批准省计划委员会《关于一九六五年国民经济计划安排意见的报告》。《报告》提出1965年国民经济计划总的要求是：更好地贯彻执行党的社会主义建设总路线和以农业为基础、以工业为主导的发展国民经济总方针，切实贯彻执行毛泽东关于调整一线，集中力量建设三线和"农业是个拳头，国防是个拳头，要使拳头有劲，屁股就要坐稳，屁股就是基础工业"的战略思想。

一九六五年

1 月 24 日 省和济南市组织首批农村巡回医疗队,分赴曲阜、海阳、齐河 3 县及济南市郊区为农民治病。

11 月 13 日 毛泽东路过济南,在火车上接见了谭启龙、杨得志、苏毅然、刘秉琳,并听取了山东各项工作情况和军事工作的汇报。毛泽东就干部领导方法、备战"小三线"建设、粮食问题、社教中地富子弟分化问题、部队工作、军事训练及部队干部参加社教工作分别提出了要求。

11 月 国家计委批准博山发电厂扩建工程,即白杨河电厂。1966 年动工,1969 年 12 月、1970 年 7 月、1971 年 10 月,3 台 5 万千瓦全露天汽轮发电机组相继投产,装机总容量 15 万千瓦。这是山东省第一座自动化水平较高的全露天布置的高温高压烧油发电厂。

一九六六年

1月11日—14日　朱德在山东视察，参观济南汽车制造厂、省工业展览馆和东营油田会战区，听取省委关于城乡社教、工业、农业、财贸、战备等方面的工作情况汇报。

8月　兖州矿区设计年产能力150万吨的南屯煤矿破土动工，1973年12月26日建成投产。这是山东自行设计、自行施工的大型矿井，也是山东首先采用多绳摩擦轮绞车提升的矿井。

一九六七年

3月13日 省、济南市千余名医务人员，分批出发到菏泽、济宁、聊城等7个专区、30多个县的农村开展防病治病工作。

3月20日 济南军区各医院抽调1000余名医务人员，组成143个医疗队，分赴9个专区和淄博、枣庄两市，为群众防病治病。

6月10日 水利电力部确定山东省临朐县冶源水库灌区作为"大寨式"水利典型，参加1967年马里国际博览会。

12月26日 济南化肥厂年产4.5万吨合成氨装置建成，翌年初试车投产。该厂是当时全省最大的化肥厂。

一九六八年

4 月 5 日　济南汽车制造厂制成全国第一辆大吨位高性能越野汽车，填补了中国越野汽车生产的一项空白。

9 月 20 日　济南变压器厂试制成功国内第一台 3.15 万千伏安三圈铝线变压器。

11 月 18 日　平阴田山电力提水灌溉工程开工，主体工程于 1971 年 10 月 31 日竣工，11 月开灌，有效灌溉面积 9.76 万亩，可解决山区 6.2 万人口饮水困难。这是当时山东省最大的电力提水灌溉工程。国家投资 1621.4 万元。

一九六九年

4月20日 全省人民公社全部接通有线广播，共架设广播专线 10 万多公里，广播喇叭发展到 180 多万只。

5月1日 济南电视台恢复试验性播放。1971 年 9 月 15 日改为山东电视台，并正式向全省播放节目。

一九七〇年

3月 具有年产万台拖拉机能力的山东拖拉机厂建设工程在兖州破土动工。1976年12月26日建成投产。

8月17日 山东省水利大会战会议在泰安召开。会议提出"四五"期间水利战线初步设想，重点抓旱涝保收高产稳产田建设和黄、淮、海河流域的治理。冬季，全省1000万人投入农田水利基本建设群众运动。

一九七一年

8月 山东建成四通八达的公路运输网，基本达到县县通车、社社有公路。

11月15日 沂沭河洪水东调工程开工。该工程历时10载，共进行了21期施工，于1981年底停建。该工程共调用民工256万人次，完成土石沙方2983万立方米，投资10177万元。

一九七二年

4月3日 省革委作出《关于加速全省绿化的指示》。《指示》指出，全省已造林 2000 余万亩，尚有 1000 多万亩宜林荒山荒滩没有造林，有近千万亩残林疏林需要补植，有大量的"四旁"隙地没有植树。各地要加速山东绿化进程，保证在第四个五年计划期间，实现"'四旁'植树每人平均达到 100 株以上，宜林山、滩全面绿化，15 年做到省内地方用材自给"的要求。

8月 省革委批转省劳动局《关于安置国营企业、事业单位老弱残职工的意见的报告》。至 1978 年底，全省全民所有制单位办理退休、退职的职工共 216598 人。

10月30日 为庆祝毛泽东视察黄河 20 周年，省革委发出通知，要求沿黄各地广泛开展纪念活动。山东省黄河河务局在济南珍珠泉礼堂召开纪念大会，并举办治黄成就图片展览。自毛泽东发出"要把黄河的事情办好"的号召以来，山东省共投工 2.3 亿个工日，修作土方 3 亿多立方米，用石料 700 多万立方米；新修改建护岸 3818 段，长 202 公里；修作护滩工程 80 处，长 89 公里，基本控制了河道的摆动；建成引黄闸、虹吸、扬水站等 116 处，抗旱灌溉面积 800 多万亩，淤地改土 70 余万亩，发展水稻 130 万亩。

一九七三年

1月11日 省革委召开全省农村合作医疗和中医中药工作会议，总结交流巩固发展合作医疗、培养"赤脚医生"以及运用中西医结合方法治疗疾病的经验。这时，全省有48.6%的生产大队实行合作医疗，"赤脚医生"达到13.73万余名。

3月 淄博无线电四厂研制成功130型电子束、离子束控制机。这是山东省第一台自制的集成电路电子计算机。

12月3日—10日 第一次全省环境保护会议在济南召开，贯彻全国第一次环境保护会议精神，讨论1974年至1975年环境保护规划要点和山东省环境保护办法。

一九七四年

6 月 24 日　省革委印发《关于建立健全环境保护机构的通知》。省革委确定，省环境保护领导小组下设办公室，编制 30 人；济南、青岛、淄博 3 个市各设 15 人，枣庄市和其他地区各设 6—9 人。省和各地（市）有关局及大中型厂矿都要有一名负责人分管环境保护，设立精干的办事机构或专职人员从事环境保护日常工作。

10 月　淄博无线电五厂与中国科学院声学研究所共同研制成功 SDH-7 型单测海底地貌探测仪，填补了国内空白，在中日海底电缆工程中发挥了重要作用。1978 年获全国科学大会奖。

一九七五年

2月21日 山东省自行设计、自行施工、技术水平先进、年设计能力300万吨的特大型矿井——兖州矿区兴隆庄煤矿正式开工。1981年12月21日建成投产。该矿1984年被评为国家优秀设计奖，1985年获国家科技进步二等奖。

5月 临沂半导体器件厂研制成功30K微功耗高增益晶体管，填补了国内空白。此晶体管曾用于向太平洋发射远程运载火箭、潜艇水下发射导弹和实验通信卫星工程，先后3次受到中共中央、国务院、中央军委和国防科委的贺电嘉奖。

6月26日 在毛泽东发出"把医疗卫生工作的重点放到农村去"指示后的10年间，山东省县以上医院先后派出10万多人次参加巡回医疗队，抽调3300多名医务人员下放到基层安家落户，80%以上的卫生事业经费投放到县分院和公社卫生院，巡回医疗队帮助生产大队培训"赤脚医生"15.8万余人，近70%的生产大队实行了合作医疗。

9月15日 全省基本形成农村广播网。全省有122个县（市、区）建起广播站，1970处公社建起广播放大站，架设广播专线13.69万余公里，94%的生产队通了有线广播，广播喇叭发展到1170万只，喇叭入户率达到82%。

一九七六年

1月13日—16日 全省经济作物和多种经营会议召开。会议要求各地在保证集体经济的发展和占绝对优势的条件下，应当允许和鼓励社员经营正当的家庭副业，并要加以组织和指导。

6月26日 全省农村医疗卫生工作取得巨大成就。至本日，全省92%的生产大队办起合作医疗，有43个县、市已全面普及，63%的公社实行社、队两级管理，"赤脚医生"发展到19万人，还有30多万名卫生员和接生员。

一九七七年

1月1日 济南第一条无轨电车线路建成通车，全长 13.5 公里。

1月11日 山东胜利石油化工总厂建成投产。它是一座综合性的大型石油化工基地，是包括炼油、化工、设备维修等比较完整的石油化工联合企业，有 15 套石油化工装置投入生产，可以生产汽油、煤油、柴油、合成氨、尿素等 20 多种石化产品和化工原料。1980 年3 月 21 日，该厂定名为齐鲁石油化学工业总公司。

9月 全省农田基本建设大会在济宁召开。会议期间，与会人员参观了"邹西大会战""兖州大地园林化"现场。会议要求在全省范围内掀起更大规模的农田基本建设高潮，苦干 3 年，实现每个农业人口有 1 亩旱涝保收、稳产高产农田。当年冬，全省投入农田基本建设的劳动力达 1200 多万人，新打机井 95562 眼，增加和改善井灌面积814 万亩，解决 35 万人吃水困难；深翻平整土地 1800 万亩；铺开各种工程 6.9 万多项，完成土石方 5.43 亿立方米。

10月 山东即墨农业机械厂在洛阳拖拉机研究所和山东省农机所的帮助下，设计成功国内第一台液压转向新结构的 100 马力四轮驱动拖拉机，填补了国内新型大马力拖拉机的空白。

一九七八年

8月2日　省革委在临沂地区召开全省推广沼气经验交流会。截至1978年6月底，全省已建沼气池6.1万个，其中临沂地区3.1万个。8月16日，省委决定设立省、地、县沼气办公室。1979年8月28日，又成立山东省沼气建设领导小组。

9月25日—30日　第二次全国平原绿化会议在兖州、聊城召开。

12月15日　济南黄河公路大桥正式开工。大桥全长2023.44米，主桥488米，主孔最大跨径220米，桥面宽19.5米，1982年7月14日建成通车。大桥被评为"全国七十年代优秀设计项目"，并荣获国家优质工程银质奖、国家科技进步一等奖。

一九七九年

2月12日 省委召开工作会议。会议根据党的十一届三中全会精神重点研究农业政策问题。要求农业战线认真执行中共中央关于加快农业发展和农村人民公社工作的有关政策规定，人民公社三级所有、队为基础的制度要稳定不变，凡是过去不具备条件搞了过渡的，现在群众有意见，要坚决改变过来，社员自留地、家庭副业、集市贸易，要按照《农业六十条》的规定去办。

3月19日—21日 省委召开地（市）委书记会议，着重研究农村工作，强调集中主要精力把农业尽快搞上去是全党工作重点转移的首要任务。会议讨论了省委、省革委《关于落实农村经济政策若干问题的试行规定》。《规定》对农村人民公社体制、尊重基本核算单位自主权、建立生产责任制、搞好收益分配、减轻农民负担、社员自留地、家庭副业和农村集市贸易、农副产品收购等有关农村经济政策的若干问题作出具体规定。4月5日，省委将《规定》印发各地试行。同年10月，省委召开工作会议，正式通过《中共山东省委关于落实农村经济政策若干问题的规定》。

3月26日—29日 省革委召开第二次全体会议，贯彻落实党的十一届三中全会和省委工作会议精神，表示要切实把工作重点转移到社会主义现代化建设上来。会议原则通过《关于维护社会主义法制、保障人民民主权利和公共安全的通告》《关于落实农村经济政策的若干规定》《关于进一步改进集市贸易若干政策的意见》和《关于计划生育若干问题的暂行规定》等文件。

4月5日 省委、省革委发出《关于落实农村经济政策若干问题的试行规定》。要求结合山东省的实际情况，建立生产责任制，建立奖励制度，搞好收益分配，减轻农民负担，对社员自留地、家庭副业和农村集市贸易、农副产品收购、农田基本建设、农业机械化及农林牧副渔全面发展等有关农村经济政策的若干问题，作出了具体规定。

7月26日—8月6日 邓小平到山东视察工作，对真理标准问题讨论和干部队伍年轻化等问题作了重要指示，明确提出真理标准的讨论是基本建设，这个问题还没有完全解决，要补课，要好好解决。8月上旬，省委召开常委会和地（市）委书记会议，研究和部署继续开展真理标准问题的讨论，要求各级党委认真学习、深刻领会邓小平讲话的精神实质，真正把真理标准讨论补课摆上位置，加强领导，上上下下都要补好这一课。会后，全省掀起了真理标准讨论补课的热潮。

10月24日—11月2日 省委召开工作会议，贯彻党的十一届四中全会精神，进一步研究调整国民经济比例关系的措施和办法，决定调整好农业内部的比例关系，把经济作物和林牧副渔业搞上去，适当加大林牧副渔各业的投资比重；调整好工业内部的比例关系，把轻纺、电子工业搞上去，增加对轻纺、电子工业的投资，加快轻纺工业原材料基地的建设；调整好积累和消费的比例关系，缩短基本建设战线。

一九八〇年

1月3日　省政府颁发《关于加速发展棉花生产的决定》，制定了鼓励发展棉花生产的政策措施，推广新品种——鲁棉一号。当年，全省棉花收购量达 1074.64 万担，超过历史最高收购水平一倍多，居全国首位。

2月6日　省委、省政府颁发《关于发展城镇集体所有制工业企业若干政策问题的规定（试行草案）》，提出城镇集体所有制工业企业管理体制、生产资金与税收、收益分配、职工待遇、经营管理等 8 个方面的政策措施。这一《规定》的贯彻取得明显效果，全省二轻系统 1980 年完成总产值 36.3 亿元，比上年增长 18%；出口产品交货量完成 9.2 亿元，增长 21%；县属以上二轻工业实现利润 2.49 亿元，增长 18.8%；上缴工商税增长 22%。二轻产品长期紧张的市场状况有所缓和。

3月11日　省委、省政府联合发出《关于进一步落实知识分子政策的通知》，对解决知识分子的安排使用、政治待遇、夫妇两地分居、改善住房条件、改善科研实验手段、加强知识分子的政治思想教育和加强科技干部的管理等均作了具体规定或原则性规定。至年底，全省有 1.4 万多名干部夫妻两地分居问题得到解决，有 8500 多名知识分子被吸收加入中国共产党。

8月14日　省委、省政府发布《关于进一步搞活商品流通若干问题的暂行规定》。要求改进商品购销形式，疏通商品流通渠道，调整改革代购、代销、代营店的管理体制，大力发展财贸服务网点，搞好议价粮经营，适当放宽贷款范围，正确运用价值法则搞活经营等。

9月20日—30日 第四次全国平原绿化会议在兖州县召开。30日，省政府发出《关于加快发展林业生产的指示》。

9月 省委、省政府召开全省劳动就业工作会议，贯彻中央提出的劳动部门介绍就业、自愿组织起来就业和自谋职业相结合的方针。11月29日，省委、省政府转发《全省劳动就业工作会议纪要》。各地认真贯彻会议精神，普遍建立劳动服务公司，安置待业青年。到1981年末，全省安排22.8万多名待业青年就业，其中劳动服务公司安置6万人，从事个体经营2000多人。1980年以前的待业青年基本得到安置。

12月24日 由潍坊至招远的220千伏输变电工程正式投产送电。至此，山东省各地（市）全部联入山东主电网供电，全省统一电网形成。

一九八一年

1月7日—23日 省委召开工作会议，贯彻中央工作会议确定的经济上进一步调整，政治上进一步安定团结的方针。会议认真总结了山东经济工作几次重大失误的教训，确定了全省国民经济"节发展，求安定，压积累，保消费，速度服从调整，讲求经济效益"的指导思想。会议要求下决心压缩基本建设规模，认真抓好企业的关停并转，努力增收节支，做到财政收支平衡。

5月9日 "鲁棉一号"获国家发明一等奖。山东省棉花研究所副所长庞居勤等采用杂交育种和辐射育种相结合的新技术，经过15年的反复实验，于1976年培育成功的棉花优良品种"鲁棉一号"，在全省和全国区域性实验中，均表现突出，亩产皮棉高达271.5斤。1977年开始在全省推广，到1980年，种植面积850万亩，一年增产皮棉250多万担，增加收入5.5亿元。

8月13日—18日 省委在济南召开全省企业民主管理工作会议，贯彻《国营工业企业职工代表大会暂行条例》。会议要求各地尽快把职工代表大会制普遍建立和健全起来。此后，全省各地以贯彻《条例》为中心，在企业中逐步建立、健全了职工代表大会制。到年底，实行职工代表大会制的单位达6400多个。

12月3日—12日 全省农村工作会议在济南召开。会议要求继续调整农牧业的内部结构，进一步总结、完善、稳定农业生产责任制，加强农业科学技术研究和推广工作，使农牧业有较大的增长。

一九八二年

1月4日—10日 省政府在济南召开全省农业科技工作会议,作出《关于加强农业科技工作的决定》,首次提出"科技兴鲁"的口号。

1月30日 省政府召开全省对外经济贸易工作会议。会议确定1982年外经贸工作的指导思想是:进一步发挥山东优势,大搞来料加工,提高对国际市场的适应性和竞争能力,积极稳妥地改革外贸管理体制,搞好工贸结合,逐步发展经营出口的经济实体。

2月23日 省委向全省发出《关于深入开展"五讲四美",搞好"全民文明礼貌月"活动的通知》。要求各级党委遵照中央每年3月为"全民文明礼貌月"的规定,围绕解决"脏""乱""差",把"全民文明礼貌月"活动,作为一项具有战略意义的大事扎扎实实地抓紧抓好。

7月3日—8日 省委、省政府在五莲县召开全省山区工作会议,讨论省委、省政府《关于加快山区生产建设的决定》,提出山区建设必须贯彻中央"决不放松粮食生产,积极开展多种经营"的方针,坚持以林为主,农林牧结合,多种经营,全面发展,走"靠山吃山,吃山养山"的路子。

8月31日 省委办公厅、省政府办公厅印发《山东省农业生产责任制试行办法》。《办法》共50条,对农业生产责任制的主要形式,农业、林业、畜牧业、渔业、工副业、农业技术推广、农机管理、农田基本建设、财务管理、农业经济合同、干部岗位责任制、思想政治工作等各方面如何实行责任制作出了具体规定。《办法》实施后，对巩固、完善、提高农业生产责任制起到了促进作用。到年底，全省农村424864个基本核算单位，实行联产计酬责任制的占99.7%，其中实行包干到户的占96.8%。至此，全省基本上普及了以大包干为主要形式的家庭联产承包责任制。

一九八三年

1月10日—16日 省委在济南召开地（市）委书记会议。会议主要议题是传达贯彻全国农业书记会议精神和关于机构改革的问题。会上讨论了贯彻中央《当前农村经济政策的若干问题》的措施。会议提出，（一）要继续调整农业和整个农村经济结构，走农林牧副渔全面发展，农工商综合经营的道路；（二）进一步完善农业生产责任制；（三）大力发展和扶持专业户、重点户，因势利导促联合；（四）政策上要进一步放宽；（五）大力推进农业科学技术，提高科学种田水平。

3月22日 省委作出《关于深入开展向张海迪同志学习活动的决定》，号召全省共产党员、共青团员和广大干部、群众，迅速掀起向张海迪学习的热潮。5月9日，中共中央批复了团中央及中共山东省委《关于进一步开展学习宣传张海迪活动的报告》。5月11日，新华社报道，党和国家领导人叶剑英、邓小平、李先念、陈云、彭真、邓颖超、徐向前、聂荣臻最近分别为张海迪题词，号召全国人民学习张海迪。自此，在全国掀起了向张海迪学习的热潮。

7月13日—21日 中共山东省第四次代表大会在济南举行。出席会议的正式代表886人，候补代表71人。大会审议并通过省委书记代表省委所作的工作报告，回顾总结了上次省党代会以来的工作和经验教训，明确提出了山东省到本世纪末和近期的经济建设与社会发展的奋斗目标，确定了全面开创山东社会主义现代化建设新局面的方针、任务和措施；实现了领导班子新老交替。这次党代会的胜利召开，标志着山东在新时期伟大历史性转变的实现。

11月4日 卫生部致电山东省卫生厅，祝贺山东省基本消灭丝虫病。

一九八四年

2月13日—21日　省委在济南召开全省农村工作会议，贯彻中共中央1月1日发出的《关于一九八四年农村工作的通知》(即1984年中央一号文件)精神。省委书记作《促进三个转变，做到三个适应，实现三个突破》的报告。"三个转变"即由人民公社"一大二公"的旧模式向新型经营管理体制转变，农村经济从单一经营向农工商综合经营转变，由自给半自给经济向商品经济转变。"三个适应"即在思想上、工作上和作风上适应农村经济发展的新形势。"三个突破"即农村多种经营发展的新突破，乡村工业和集镇经济发展的新突破，流通领域改革的新突破。

3月10日—19日　山东省首届国际经济技术合作和出口商品洽谈会在青岛举行。洽谈会由山东省对外贸易总公司及其所属的14个进出口分公司以及山东经济界、金融界联合举办。来自28个国家和地区的1073位客商参观了出口商品展览，洽谈业务，签订30多项合同、40多项协议或意向书，出口成交额达8064万美元。此后，山东每年春季都在青岛举行对外经济贸易洽谈会。

3月30日　中共中央总书记胡耀邦对发展山东水产事业作重要指示："整个胶东半岛应开发水产养殖，有几十万平方公里的海面，比山东的面积还大，过去只讲保护资源，主要应搞繁殖，用人工渔礁，搞水产养殖，争取在六七年内搞三四百万吨的水产。省委要把开发水域当作一项重要事业来认真讨论一下。"5月3日，省水产局召集专家会议，对这一指示进行研究论证，提出措施。9月5日，省委、省政府发出《关于大力开发水域，发展水产事业的决定》。

4月11日 山东电视台摄制的《高山下的花环》获第四届全国优秀电视剧"飞天奖"一等奖，第二届《大众电视》"金鹰奖"。

4月23日 省委、省政府发出通知，要求加强扶贫工作，要建立县、乡扶贫领导小组，把对全省大约10%的农户扶贫工作列入经济发展规划，力争在两三年内基本解决贫困单位和贫困户的温饱问题，进而做到脱贫致富。

7月9日—15日 省委、省政府在潍坊市召开全省乡镇企业工作会议。会议提出全省乡镇企业总收入10年翻两番的奋斗目标，会后发出《关于大力发展乡镇企业的决定》。

8月4日 省委、省政府作出《关于减轻农民额外负担的暂行规定》，要求各级党委、政府必须把减轻农民额外负担当作端正党风和密切党群关系的大事，认真抓好。

8月5日 省政府颁发《关于进一步放宽林业政策的若干规定》。根据《规定》，集体的荒山、荒滩、荒地，可以全部或大部划给农民作自留山滩，并长期归农民经营，可以继承，允许转让。集体现有的成片林木，可以包给专业户或专业组（队）经营，国营林场、苗圃可以联产承包给职工家庭或个人经营，也可以划出一部分承包给农民，收益按比例分成。

10月10日 省政府向国务院报送《关于兴建山东省引黄济青工程的报告》，并附送《山东省引黄济青工程设计任务书》。《报告》认为解决青岛用水是当务之急，明渠输水方案切实可行，经济上也比较合理；输水线路长约245公里，力争两年完成，计划1986年向青岛送水。1985年10月18日，国务院审议批准，并列入国家计划。1989年11月25日，引黄济青工程竣工，正式向青岛送水。国务院总理李鹏为工程题词："造福于人民的工程。"

11月14日 省委、省政府发出《关于贯彻落实中共中央、国务院〈关于帮助贫困地区尽快改变面貌的通知〉加快山区建设的通知》。《通知》指出，山区经济发展比较缓慢，有些地方贫困面貌还没有根本改变，其中沂蒙山区的7个县1983年人均收入尚不足150元，20%的农户尚未解决温饱问题。对山区的建设工作提出6项要求：（一）端正山区发展生产的指导方针，实行以林为主，农林牧工商结合，搞多种经营；（二）减轻山区人民负担；（三）解决山区人畜吃水困难；（四）加强山区交通建设；（五）发展山区文教卫生事业；（六）加强对山区工作的领导。

一九八五年

1月2日 《山东省一九八五年经济体制改革试行方案》发布实施。主要内容为简政放权，鼓励企业的技术进步，扩大企业定价权，完善以承包为主的经济责任制，实行厂长（经理）负责制，允许企业"一业为主，多种经营"，推行工贸结合、税收、金融等方面的综合配套改革措施。同时决定，自此从社会上招收的新工人均应实行劳动合同制。

1月24日—2月1日 省委召开全省农村工作会议，学习贯彻中共中央、国务院关于进一步活跃农村经济的10项政策和全国农村工作会议精神，研究部署农村经济管理体制改革，调整农村产业结构，进一步把农村经济放开搞活。

5月1日—4日 第二届山东省工人运动会在省人民体育场举行。此前，各项比赛自1984年8月起即在枣庄、青岛、潍坊、淄博、胜利油田等地陆续进行。这是新中国成立以来山东省规模最大、参赛人数最多的一次综合性职工运动会。

8月20日—24日 省委、省政府在济南召开全省科技工作会议，讨论修改《中共山东省委、山东省人民政府关于科学技术体制改革的试行方案》，要求各级党委和政府抓住改变现行科技拨款体制、开拓技术市场、增强技术服务与开发能力和改革科技人员管理制度等四个方面的重点，推动全省科技体制改革工作的全面展开和迅速发展。

9月2日—5日 全省城市精神文明建设工作会议召开。会议分析总结了城市精神文明建设的情况，研究了加强城市精神文明建设的措施。16 日，省委、省政府印发《关于加强城市精神文明建设争取实现社会风气和社会秩序明显好转的实施意见》，提出了开展城市工作必须坚持两个文明一起抓的战略方针，确定了要把每一座城市建设成为经济繁荣、政治安定、文化发达、环境优美、生活方便、服务优质、秩序井然、风气良好、文明富庶的现代化的社会主义新型城市的奋斗目标，规定了城市社会风气和社会秩序明显好转的 8 条标志。

9 月 10 日 山东省隆重庆祝新中国第一个教师节，各地广泛开展尊师重教活动。在教师节期间，省委、省政府表彰了 829 名优秀教师、206 个尊师重教先进单位和先进个人。

11 月 4 日—9 日 省委召开工作会议，分析农村形势，继续研究贯彻"决不放松粮食生产，积极发展多种经营"的方针，促使农村经济全面协调发展。

一九八六年

1月21日—27日 全省农业工作会议在济南举行。会议传达了全国农业工作会议精神，总结"六五"农业工作经验，研究"七五"农牧规划和1986年工作。要求继续搞好种植结构调整，抓好粮食生产，按国家计划和市场需求适当调减经济作物，加快畜牧业发展，加强商品基地建设。

2月26日—3月3日 省委召开全省农村工作会议，进一步学习贯彻中共中央1986年发出的一号文件。3月6日，省委、省政府正式发出《关于贯彻执行中共中央一九八六年一号文件的通知》，要求各级干部正确认识当前农村形势，继续做好调整农村产业结构、完善合同定购、实行粮食购销和调拨包干等10个方面的工作。

5月7日 省委四届七次全体会议审议并通过《山东省国民经济和社会发展第七个五年计划（草案)》。

7月16日—19日 省委、省政府在临沂召开沂蒙山区第二次现场办公会暨全省扶贫工作会议。会议传达学习中共中央、国务院的有关文件，总结交流全省扶贫工作经验，研究如何把扶贫工作推向一个新阶段。

7月19日 省委、省政府发出《关于进一步搞活农村商品经济若干问题的试行规定》，对完善粮、棉、油合同定购制度，积极发展新型商业企业，坚持农产品多渠道经营，适当放宽生产资料的经营，积极支持农民进城兴办商业、服务业，进一步落实对乡镇企业的优惠政策，加强对农业的各项服务，试办多种形式的新型技术和信息服务组织，扶持发展农村小能源，扶持发展农村交通运输等 10 个方面作出具体规定。

8 月 22 日　省委、省政府印发《关于加快贫困地区开发建设，搞好扶贫工作的决定》。

9 月 12 日—17 日　省委、省政府召开全省农村经济工作座谈会，围绕大力发展社会主义商品经济，重点研究如何加快全省乡镇企业发展和进一步搞活农村商品流通的问题。会议讨论通过省委、省政府《关于进一步加快乡镇企业发展的若干规定》和《关于进一步搞活农村商品流通几个问题的补充规定》。省委书记在会上作了题为《发展商品经济是当前农村一切工作的中心》的讲话。

9 月 19 日　省委、省政府印发《关于进一步加快乡镇企业发展的若干规定》。到年底，全省乡镇企业发展到 113 万处，使 1/4 的农村劳动力转入非农业生产。全省乡镇企业总产值达 325.8 亿元，第一次超过农业总产值，占农村社会总产值的比重达 47.4%，占全省社会总产值的比重达 26.8%。

12 月 11 日—15 日　省委四届八次全体会议在济南举行。会议审议通过《山东省"七五"期间社会主义精神文明建设规划》《山东省1987 年国民经济和社会发展计划纲要》。

一九八七年

1月4日—8日 全省农业工作会议召开。会议认为：必须进一步搞好农业内部结构调整，适当扩大地瓜、谷子种植面积，稳定玉米种植面积；要增加农业投入，大力推广科学技术，把以经验为基础的传统农业逐步转移到以科学技术为基础的现代化农业上来。

3月10日—12日 省政府召开全省"七五"星火计划工作会议。会议确定"七五"期间"星火计划"的目标是实现"一一五"计划，即重点抓好1000项技术先进、周期短、见效快、效益大、有示范推广意义的技术开发项目；开发100多种适于乡镇企业的成套设备，并组织大批量生产供应农村；培训50万名适用人才。

8月4日—7日 省委、省政府在临朐召开沂蒙山区第三次现场办公会暨全省扶贫工作会议，讨论修改《沂蒙山区贫困县综合发展规划（草案)》，研究部署进一步加快贫困地区、贫困村户脱贫致富步伐的问题。

10月26日 省委办公厅、省政府办公厅印发《关于加快畜牧业发展的若干规定》，提出要把加快畜牧业发展作为当前和今后一个时期农村经济结构调整的重点。

12月23日—26日 省六届人大常委会第二十九次会议在济南召开，会议讨论通过《山东省经济技术开发区管理条例》《山东省经济技术开发区内联企业若干问题的规定》和《关于修正山东省实施〈中华人民共和国渔业法〉办法的决议》。

12 月 24 日　省委四届十次全体会议在济南召开。会议提出了"科教兴鲁"口号。

12 月 28 日　省政府发出《关于贯彻国务院〈关于加强贫困地区经济开发工作的通知〉的通知》。

一九八八年

1月11日 省委、省政府在济南召开新闻发布会，省政府主要负责人宣布：山东省国民经济提前3年实现第一个翻番。

1月25日—2月8日 省七届人大一次会议召开。会议审议通过政府工作报告等。政府工作报告正式提出了"依法治省"的战略目标，把依法治省作为一项全局性、根本性的任务提上法制建设的日程。

1月26日 省委、省政府召开"科教兴鲁"座谈会。会议指出，省委根据党的十三大精神，作出了"科教兴鲁"的战略决策，今后在经济发展战略上，必须把重点迅速转移到依靠"科教兴鲁"上来。本年，全省共取得重要科技成果1786项，是新中国成立以来最多的一年；获国家发明奖12项、国家科技进步奖9项、北京国际发明展览会奖26项，数量分别居全国第三位、第二位、第二位。

2月14日 第七届省政府召开第一次全体会议。省长提出新一届政府要在七个方面有新的建树：实现思想的新飞跃，实行任期目标责任制，加快改革开放的步伐，坚决贯彻"科教兴鲁"的战略方针，加强决策的民主化、科学化，建设新的良好的政风，各项工作有新的发展和突破。

3月14日 省委、省政府作出《关于深化改革保持农业持续稳定发展的决定》，要求逐步建立新的农业发展格局，加速农业由自给半自给经济向商品经济的转变，由封闭型经济向开放型经济的转变，由粗放经营向集约经营的转变，由传统农业向现代化农业的转变。

4月22日 国务院对山东省人民政府关于建立农村改革试验区的请示作出批复：同意在淄博市周村区和平度县建立国务院农村改革试验区，同意建立德州地区中低产田治理和荒地开发运用农业科技成果试验区、烟台市福山区发展贸工农外向型经济试验区、临沂地区贫困山区开发试验区作为省内试验区。

5月7日 省政府发出《关于我省试行主要副食品零售价格变动给职工适当补贴的实施意见》。决定自5月16日起上调猪肉、鸡蛋、蔬菜、白糖零售价格，自5月起给职工增发生活补贴。

7月18日 省委、省政府印发《关于进一步加强东西部地区横向经济联合促进全省经济协调发展的意见》。

10月10日－12日 全国贫困地区经济开发经验交流会北方片会议在临沂召开，重点推广了沂蒙山区经济开发和扶贫工作的经验。与会者参观考察了沂源、沂水、沂南3县。本年，被国务院列为全国主要贫困县之一的临朐县人均收入550元，超过了年人均收入300元的温饱线，成为全国率先脱贫的县。

10月18日 卫生部派出的12名专家经抽查核实，宣布山东基本消灭疟疾。这是山东省继基本消灭黑热病、丝虫病后又一重大成就。

10月23日－11月2日 首届全国城市运动会在济南举行。中共中央政治局委员、国务委员李铁映代表中共中央、国务院在开幕式上致辞。40个城市代表团的2300多名运动员参加比赛，有1人1次打破1项世界青年纪录，3人3次刷新3项亚洲纪录，3人4次打破4项全国纪录。

一九八九年

1月4日—8日　省委、省政府在济南召开全省农村工作会议，研究制定深化农村改革、促进农业发展的政策和措施，部署1989年的农村工作，讨论修改省委、省政府《关于加快农业发展，夺取农业丰收的决定》。

2月16日　省政府作出《关于加快我省林业发展的决定》，要求今后5年内每年平均提高森林覆盖率0.82%，增加林木蓄积量312万立方米，增加果品1亿公斤。

6月23日　济南汽车制造总厂生产出国内第一辆"中国——斯太尔"大吨位（总重32吨）载重汽车。

11月6日—8日　省政府在平邑县召开全省贫困地区经济开发工作会议。会议要求在贫困地区开展大规模的综合农业开发，坚持自力更生，有关部门给予财力、物力和技术支持。

12月21日—29日　省七届人大常委会第十三次会议在济南召开。会议讨论通过《山东省乡（镇）村集体工业企业管理条例》《山东省农村集体经济承包合同管理条例》《山东省水资源管理条例》《山东省实施〈中华人民共和国集会游行示威法〉办法》等。

一九九〇年

1 月 22 日　省委、省政府作出《关于依靠科技进步振兴山东农业的决定》，重点推广 12 个方面的农业技术，力争在"八五"期末有 1500 万亩土地实现亩产过吨粮，并开发出一批吨粮乡、吨粮县。

4 月 10 日　"沂蒙精神"报告团在济南举行首场报告。

4 月 13 日　全省吨粮田科技开发工作会议在济南召开。会议总结交流了 1989 年吨粮田开发经验，提出 1990 年吨粮田开发任务。1989 年，全省 150 万亩吨粮田新增粮食 3.6 亿公斤，比开发前三年平均亩产增加 240 公斤；756 万亩带动田新增粮食 9.7 亿公斤，平均亩产增加 129 公斤。

7 月 6 日　省委、省政府印发《关于切实减轻农民负担的通知》。

8 月 5 日—10 日　全国村级组织建设工作座谈会在莱西县召开。中共中央政治局常委宋平到会并讲话。省委、省政府主要负责人参加会议。莱西县在会上作了典型发言。

8 月 14 日　省政府印发《山东农村实现 2000 年人人享有卫生保健的规划目标》，并在济南召开全省初级卫生保健工作会议。省政府负责人与 16 位分管市长（专员）签订了初级卫生保健工作目标责任书。

10 月　《大众日报》报道，山东省科技扶贫工作进入新阶段，已由主要解决群众的温饱问题转向区域开发、规模经营。1987 年开始，全省先后组织科技人员 9776 人次参加开发工作，并围绕 21 个开发项目培训各类技术人员 2.77 万人。其中 12 个项目已通过验收，直接经济效益达 2.8 亿元。

11 月 15 日　济南遥墙机场正式动工兴建。该机场占地 200 公顷，1992 年 7 月竣工，同年 10 月 30 日被国务院批准为国际机场。

11 月　全省公路达 3.9 万公里，其中一、二级公路 6000 公里，居全国前列。已建成港口 25 处，各种泊位 141 个，港口密度全国第一。

12 月　全省 15 个重点贫困县农民人均纯收入由 1984 年的 237 元增加到 469 元，基本实现了国务院提出的"七五"期间解决大多数贫困地区群众温饱问题的目标。全省原来不通电、不通车、人畜吃水困难的村庄，有 79.3% 的村通了电，80% 的村通了车，86% 的村解决了饮水困难。

一九九一年

1月28日—2月1日　省委五届六次全体（扩大）会议召开。会议审议并原则通过《山东省国民经济和社会发展十年规划及第八个五年计划纲要（草案)》，提出力争经济发展速度和效益的增长高于全国平均水平、人口自然增长率低于全国平均水平、国民经济的整体素质上一个新水平的"一高一低一上"奋斗目标。

2月10日—11日　省委、省政府召开全省科技工作会议，动员全省各级、各行各业组织实施科技进步"大合唱"，为"科教兴鲁"、实现经济和社会发展第二步战略目标而奋斗。本年，全省114个县配备了192名科技副县长，1431个乡镇配备了科技副乡（镇）长，分别占全省县、乡总数的80%和55%。

2月24日—3月2日　国务院在济南召开全国农村经济工作经验交流会。会议由中共中央政治局委员、国务院副总理田纪云主持。中共中央政治局常委宋平到会讲话。会议的主要任务是贯彻党的十三届七中全会精神，明确今后十年和"八五"期间农村工作的大政方针与任务。会议期间，代表们赴桓台、临淄、寿光、昌乐、诸城、安丘等县（市、区）进行了现场参观。省长介绍了全省加强农业、发展农村经济的主要情况。会议结束之后，随即在山东省举行了全国扶贫开发工作会议。

2月　省委明确提出经过5年、10年的努力争取建成"海上山东"的设想。4月，省人大召开会议，在贯彻《山东省国民经济和社会发展十年规划及第八个五年计划纲要》的报告中，正式提出建设"海上山东"战略。次年4月，省委确定了建设"海上山东"的总体规划，争取在20世纪使海洋产业产值超出陆上种植业产值；到2010年，渔业产值达到800亿元，海洋产业总产值占全省国民生产总值的1/6，成为本省经济的支柱产业。

4月9日 省委、省政府作出《关于大力发展第三产业的决定》。

5月5日 全省贫困地区经济开发工作会议在济南召开。至1990年，全省15个贫困县的农民人均纯收入已达469元，比1984年增加了232元；农民人均纯收入200元以下的人口，由1984年的481.5万人减少到1990年的43万人。实现了国务院提出的"七五"期间解决大多数贫困地区人民温饱问题的目标。

6月4日 省政府召开环境目标责任制总结表彰大会，潍坊、烟台、淄博、威海、泰安、青岛、济南等7市和临沂地区分别被授予"环境保护目标责任制先进市（地区）"称号；省政府副省长同16个市（地）和省直10个厅（局）负责人签订了新一轮（1991—1992年）环境目标责任书。

10月9日—12日 民政部在牟平县召开全国农村社会养老保险试点工作会议。民政部部长在会上指出，"山东的试点为全国农村社会保险蹚出了一条路子"。

10月18日—22日 省七届人大常委会第二十四次会议在济南举行。会议审议通过《山东省农民负担管理条例》《山东省农作物种子管理条例》等。

12月9日—12日 省委召开五届七次全体（扩大）会议。会议审议通过《中共山东省委关于贯彻〈中共中央关于进一步加强农业和农村工作的决定〉的实施意见》。会议提出大力发展优质低耗、高产高效农业以及改革县、乡管理体制问题。

一九九二年

3月11日 省政府发出《关于提高粮食统销价格的通知》。

4月14日—18日 省委召开全省对外开放工作会议。省、市（地）、县和省直有关部门的负责人等1000余人参加了会议。会议传达学习了邓小平南方谈话、中央政治局会议精神、全国人大和全国政协两个会议的决议，介绍了南方三省和大连市对外开放工作的情况和经验。会议查找山东的差距及其原因，进一步解放思想，更新观念，统一认识。会议研究确定了全省加快对外开放的战略目标、基本思路、工作重点和政策措施。5月4日，省委、省政府作出《关于进一步扩大对外开放加快发展外向型经济的决定（试行）》。

5月5日—10日 省七届人大常委会第二十八次会议在济南召开。会议作出《山东省人民代表大会常务委员会关于促进和保障扩大对外开放、加快发展外向型经济的决议》，通过《山东省实施〈中华人民共和国村民委员会组织法（试行）〉办法》和《山东省城市房产纠纷仲裁条例》。

5月13日—16日 全省山区开发建设暨扶贫工作会议在枣庄召开。会议研究讨论了省委、省政府《关于进一步加快山区开发建设的决定》。会议提出全省山区建设今后10年的具体目标是：立足当地资源优势，因地制宜，选准奔小康的路子，争取20世纪末80%以上的山区乡村达到小康水平，跟上全省奔小康的步伐。

6月20日—29日 1992年中国青岛对外经济贸易洽谈会在青岛

举行。洽谈会期间出口成交 5.38 亿美元，创历届洽谈会最好水平；签订利用外资项目合同、协议 1913 项，合同、协议外资额 32.7 亿美元，超过前 8 次洽谈会总和。

7 月 20 日 省委、省政府作出《关于表彰长岛县率先成为全省第一个"小康"县的决定》，并要求全省各级党委、政府学习借鉴长岛县的经验，为在全国提前实现第二个翻番的战略目标，达到"小康"水平而努力奋斗。

7 月 23 日—31 日 中共中央总书记、中央军委主席江泽民到山东省视察工作。先后视察了威海、烟台、青岛、诸城、日照、临沂、曲阜、济南等地，听取了中共山东省委的情况汇报，对山东的工作给予了充分肯定，并就改革开放、经济建设、社会治安、人民生活等方面的工作作了重要指示。

8 月 7 日 省政府印发《山东省发展高产优质高效农业实施意见》。《意见》提出了农业结构调整、资源开发利用、发展乡镇企业、发展外向型农业，以及提高劳动生产率、土地产出率和农民收入水平等 5 项任务，确定在 27 个县（市、区）分别建立省高产优质高效农业示范区。

8 月 全省"科技兴海"现场办公会在寿光、烟台和威海召开。会议的主要任务是，加快实施省委、省政府提出的建设"海上山东"战略部署，确定一批海洋科技开发项目，落实资金，以项目带动"科技兴海"全面起步。会议确定首批海洋科技开发项目 33 项，总投资 2.7 亿元。

11 月 9 日—12 日 省委五届九次全体会议召开，会议讨论通过《中共山东省委关于学习贯彻落实十四大精神的决议》。《决议》提出，全面贯彻"科教兴鲁"战略，分步实施建设"海上山东"和开发黄河三角洲两个跨世纪工程。会议还提出"内外开拓，纵横突破，纵抓集团，横抓强县"的发展战略。

11 月 22 日　全省加快经济强县强乡发展工作会议在济南召开。会议提出，有条件的县、乡要超常规发展，可成为区域经济发展的新的隆起带，以便更好地带动其他县、乡加快发展。12 月 2 日，省委、省政府制定《关于加快经济强县强乡发展的意见》，对强县、强乡给予政策扶持，促其加快发展，以带动全省经济攀登新台阶。

12 月 15 日—17 日　全省环保工作会议在济南举行。会议指出，要进一步强化环境保护意识，完善环保目标责任制，逐步增加对环保的投入，加强对环境的监督管理和环保法制建设。

一九九三年

1月6日 省委、省政府作出《关于解决当前农业发展中几个突出问题的决定》，要求集中半年时间，在全省范围内开展"四清理、三整顿"工作，即清文件、清项目、清非生产性建设、清承包合同外收费提留；整顿村提留和乡统筹费的使用与管理，整顿收费、罚款的使用与管理，整顿义务工与劳动积累工的使用与管理。

2月25日—27日 省政府主要负责人带领省直有关部门负责人到临沂地区现场办公，与当地干部群众共商沂蒙山区尽快脱贫致富的途径和措施，提出力争5年时间临沂地区人均收入超千元的奋斗目标。

5月10日—15日 全国文化先进县经验交流会在济南召开。会议交流推广山东、江苏、吉林、黑龙江等省开展创建文化先进县活动的经验，对全国12个文化先进县（市、区）及山东省文化厅予以表彰。会议同时宣读了省委、省政府关于命名表彰山东省第二批社会文化先进县的决定。

6月18日—23日 全国公路建设工作会议在济南召开。中共中央政治局委员、国务院副总理邹家华，中共中央政治局委员、山东省委书记，交通部部长，山东省省长等出席会议。会议期间，与会人员先后考察了济南、淄博、潍坊、烟台、威海、青岛等地1580公里公路建设情况。邹家华副总理在讲话中，对山东省加快公路建设促进经济发展的做法给予了充分肯定。

8月8日 山东省"火炬计划"实施5周年庆祝表彰大会在济南召开。自1988年至今,山东省共实施"火炬计划"项目591项,其中国家级91项、省级500项,累计投资401亿元。这些项目已实现产值29.2亿元,创利税7.2亿元,节创汇1.7亿美元。

8月31日 省政府召开全省夏粮生产表彰大会,对夏粮总产超过历史最高水平的济南市、青岛市、淄博市、枣庄市、东营市、烟台市、潍坊市、威海市人民政府和滨州地区、德州地区、聊城地区、菏泽地区行政公署,授予"夏粮生产先进单位"称号。本年,山东夏粮总产突破200亿公斤,再次居全国夏粮总产第一。

11月21日—26日 中共山东省第六次代表大会在济南召开。省委书记作题为《全面贯彻执行党的基本路线,为实现山东社会主义现代化建设的宏伟目标而努力奋斗》的报告。大会提出此后5年全省国民经济和社会发展的总的任务是:坚定不移地贯彻执行党的基本路线,深化改革,扩大开放,继续强化农业、基础工业、基础设施三个基础,突出抓好外向型经济、第三产业和科技教育三个重点,加快建设"海上山东"和开发黄河三角洲两个跨世纪工程,培植一批主导产业,保持国民经济和社会事业持续、快速、健康发展,在全省初步建立起社会主义市场经济体制,城乡人民生活达到小康水平。大会提出,全面实施外向带动战略,进一步扩大对外开放,逐步形成以青岛为龙头,以烟台、威海、日照、潍坊、东营、滨州为前沿,两翼展开,由东向西纵深扩展的多层次、全方位开放新格局。

12月18日 经过三年建设,济南至青岛高速公路正式通车。济青高速公路全长318公里,投资31亿元,是迄今山东省历史上投资最多、规模最大的公路建设项目。

12月21日—24日 全省经济工作会议在济南召开。会议贯彻党的十四届三中全会、省第六次党代会和全国经济工作会议精神,全面安排部署 1994 年的经济工作，讨论修改省委贯彻《中共中央关于建立社会主义市场经济体制若干问题的决定》的实施意见和省政府关于企业、财税、金融、投资、外贸、国有资产管理、住房制度等方面的改革方案。

一九九四年

1月3日 省委、省政府作出《关于加快发展农村社会主义市场经济的决定》。

1月 全省实行地方城镇居民户口制度，职工居民家属等16类人员可办理"农转非"户口。

4月28日 卫生部在组织专家对山东省基本消灭麻风病进行抽查考核后，召开汇报会宣布：山东基本消灭麻风病。

12月21日 省政府颁布《山东省关于稳定和完善农村集体土地经营制度的若干规定》，自1995年1月1日起施行。《规定》共分52条，本着"立足于稳、着眼于流、强化于管"的精神，进一步规范了农村集体土地承包使用、流转、补偿办法。

12月22日 《大众日报》报道，山东省蔬菜生产已成为全国面积最大、产量最高、产值第一的农村支柱产业。1994年全省蔬菜播种面积1230万亩，总产量3109万吨，实现产值150亿元，其中出口蔬菜20万吨，创汇额突破1亿美元。

一九九五年

1月9日 省委、省政府作出《关于开展向孔繁森同志学习活动的决定》。《决定》指出，援藏干部、聊城地区行署副专员、中共西藏自治区阿里地委书记孔繁森，于1994年11月29日在带领工作组赴新疆考察途中，不幸以身殉职。孔繁森先后在西藏工作了10年，为拉萨、阿里等地区的经济建设和社会发展，作出了重要贡献。为表彰孔繁森的模范事迹，省委决定追授孔繁森"山东省优秀共产党员"称号。

1月27日 省政府印发《山东省四五扶贫攻坚计划（1994—1998年)》。

6月5日—6日 全国水利建设工作会议在济南召开。会议提出，必须深化水利建设管理体制改革，积极推行建设项目法人责任制、建设监理制和招标投标制，逐步建立由设计、施工、监理、咨询等方面组成的水利建设服务体系。

7月20日 全省扶贫开发工作会议在济南召开。会议要求全省加大工作力度，确保扶贫攻坚任务完成，以4年时间解决剩余320万贫困人口的温饱问题。

10月19日—21日 省委六届五次全体会议在济南举行。会议审议并原则通过《山东省国民经济和社会发展第九个五年计划及2010年远景目标纲要（草案)》。

10月24日 全国交通扶贫工作会议在泰安召开。

一九九六年

1月19日 省委、省政府发出《关于进一步深化农村改革的意见》。《意见》提出稳定农村基本政策，发展合作经济组织，促进产业化健康发展，加快流通体制改革，建立健全投入机制，深化科技体制改革，加快城乡一体化进程，加强宏观调控，加强领导等9个方面的改革意见。

2月18日 全省2194万农户全部用上了电，成为全国第一个实现户户通电的省份。

3月7日—8日 全省农村工作会议在济南召开。会议传达中央农村工作会议精神，总结交流各地加快农业和农村经济发展的经验，研究部署今后一个时期的农业和农村工作。会议提出，要深化农村改革，力争在农业产业化上取得新的突破，促使山东省从农业大省变为农业强省。

5月22日—25日 全省农村奔小康现场经验交流会在淄博、潍坊召开。

9月5日 省委、省政府作出《关于"九五"时期农村小康建设的决定》。《决定》共分7个部分，提出了农村小康建设的形势、任务和具体措施。9月12日，《大众日报》报道，省委、省政府作出《关于公布山东省小康县的决定》。通过对135个有农业的县（市、区）进行监测、考核和验收，有34个县（市、区）基本实现小康。

10 月 31 日—11 月 2 日　全省扶贫开发工作会议在济南举行。会议要求全省强化扶贫措施，加大攻坚力度，确保到 1998 年基本解决全省贫困人口温饱问题。

一九九七年

1月23日—25日 全省农村工作会议在济南召开。会议讨论了省委、省政府制定的《1997年全省农业和农村工作要点》和《关于进一步发展壮大农村集体经济的意见》。

3月10日 省政府发出《进一步搞好"菜篮子"工程建设的通知》。

3月24日—25日 全省扶贫攻坚第一次调度会议在聊城召开。会议提出的目标是:年度脱贫人口70万人;全省380个特困村60%以上解决温饱;10个贫困县以县为单位整体脱贫。至年底,共投入扶贫资金1144万元,有9个县75万人脱贫。

7月28日 省政府发出《关于做好延长土地承包期稳定家庭联产承包责任制工作的通知》。

9月2日 省委、省政府印发《关于加快发展农业产业化的意见》。《意见》提出:(一)充分认识加快推进农业产业化的重要意义;(二)因地制宜地选择产业化经营形式;(三)下大力气抓好农业产业化的关键环节;(四)进一步完善扶持农业产业化的保护政策;(五)切实加强对农业产业化的领导。

12月11日 省委、省政府作出《关于加强水土综合治理建设生态农业的决定》,要求各地充分认识全省生态农业面临的严峻形势,增强紧迫感,采取有效措施,再用20年实现生态环境的良性循环。

一九九八年

1月5日 省政府制定下发《山东省优待老年人规定》，确定从本年1月1日起，开始对60岁以上老年人实行优待照顾。

1月23日 省委、省政府发出通知，要求将全省困难企业职工生活救助与城市居民最低生活保障制度并轨。

2月16日—18日 全省农村工作会议在济南召开。会议对1998年的农业和农村工作作了部署。18日，省委书记在接见参加全省农村工作会议的代表时强调，要做好农村各项工作，开创改革、发展、稳定的新局面。

5月 全省科技奖励大会在济南隆重召开。1996年至1997年，全省共取得重要科技成果6895项，其中927项达到国际先进水平，5031项达到国内先进水平。经评审，888项成果获省科技进步奖，其中一等奖25项、二等奖24项；211项星火项目获星火奖，其中一等奖52项、二等奖59项。有100项荣获国家科技奖励，其中，获国家发明奖20项，国家科技进步奖79项，由中科院院士、山东大学教授邓从豪主持的一项课题获国家自然科学奖。

9月14日—15日 全省"海上山东"建设工作会议在济南召开。省委书记讲话，省委副书记、省长主持会议。会上，就制定和实施《"海上山东"开发建设规划》作了说明；宣读了省政府《关于建立山东海洋工程研究院的通知》；省委书记、省长为山东海洋工程研究院揭牌。会议期间，还在省工业展览馆举办了"海上山东"建设成就展。

11 月 10 日—15 日　中共山东省第七次代表大会在济南举行。会议听取、讨论了省委书记代表第六届省委作的《全面贯彻党的十五大精神，努力开创山东社会主义现代化建设新局面》的工作报告，审议、通过了关于第六届省委工作报告的决议和关于省纪委工作报告的决议。

12 月 19 日　省委、省政府召开专题会议，部署和组织省内经济较发达的 4 个市和 5 个特大企业结对帮扶菏泽地区 9 个县，以加快菏泽地区经济发展。

12 月 19 日—21 日　省委、省政府在济南召开全省技术创新和环境保护工作总结表彰大会，12 家企业、20 名科技人员分获"山东省企业技术创新先进集体""全省企业技术进步先进个人"称号；12 个市（地）、3 个部门在环境目标责任制考核中受到表彰，63 个单位被授予"先进集体"称号，7 人记一等功。全省环境保护工作会议提出，必须实施可持续发展战略，围绕水污染防治、大气污染防治和生态环境保护 3 个重点，做好环保工作。

12 月 21 日　全省城镇职工医疗保险制度改革工作会议召开，决定在全省建立新的医疗保险制度。会议确定了改革现行医疗保险制度的基本原则，提出了进行全省医疗制度改革的 3 项要求：一要坚持"低水平、广覆盖"原则，二要坚持社会统筹与个人账户相结合，三要制定科学合理的"门槛"和"封顶线"标准。

12 月 25 日　省委、省政府发出《关于加快旅游业发展的意见》和《关于加快建设"海上山东"的决定》。

一九九九年

1月7日—13日　中共中央政治局常委、中央书记处书记胡锦涛在临沂、青岛、济南等地考察，胡锦涛深入农村、企业和城市基础设施建设工地，同基层干部、群众亲切交谈，了解情况，并看望慰问正在执勤的济南交警。在听取省委、省政府工作汇报后，胡锦涛指示，要立足改革、发展、稳定大局，紧密联系思想和工作实际，把中央关于用整风精神开展"三讲"教育的部署贯彻好、落实好。

1月16日—19日　省委、省政府在济南召开全省农村工作会议。1999年全省农业和农村工作的主要任务是：认真贯彻落实党的十五届三中全会和中央农村工作会议精神，突出抓好增加农民收入和保持农村稳定这两件关系全局的大事。

1月　山东省最后一个国家级贫困县沾化县实现整体脱贫，当年该县农民人均纯收入达到2240元。至此，全省24个国家和省重点扶持的贫困县，以县（市）为单位整体解决温饱的任务基本完成。

5月24日　省委、省政府印发《关于实施东西结合加快菏泽地区发展的意见》。

6月22日—26日　中共中央总书记、国家主席、中央军委主席江泽民，中共中央政治局委员、国务院副总理温家宝等，由河南省进入山东省考察。23日，江泽民在济南看望慰问正在值勤的部分交警，视察驻鲁解放军和武警部队，听取济南军区党委汇报；到黄河济南段盖家沟险工，观看黄河防汛机动抢险队演练。24日，江泽民在东营市考察黄河入海口、胜利油田、孤东油田和东营市的市政建设。25日—26日，江泽民在青岛主持召开华东七省市国有企业改革和发展座谈会。在青岛期间，江泽民着重就企业的改革和发展进行调研，先后考察青岛国棉四厂、海尔集团公司，看望慰问下岗再就业工人。28日，省委在青岛召开全省领导干部会议，传达学习中共中央总书记江泽民在华东七省市国有企业改革和发展座谈会上的重要讲话精神，研究部署当前各项工作。

6月 山东省139个县（市、区）全部开通"148"法律服务专线。1998年8月30日在东明县召开的全省"148"法律服务专线建设现场会提出，要在全省普及"148"法律服务专线。

8月5日 全省扶贫开发电视电话会议在济南召开。会议传达中央扶贫开发工作会议精神，安排部署山东落实意见。

10月28日 全省减轻农民负担工作电视会议在济南召开。会议对减轻农民负担作出硬性规定，并要求要不折不扣地抓好落实。

二〇〇〇年

2月24日 全省农村工作会议在济南召开。会议提出，用6年左右的时间，基本建立起结构明显优化，布局较为合理，素质显著提高，活力进一步增强，能够较好适应国内外市场需求的高产优质高效农业和农村经济结构的新框架。

4月21日 省委、省政府印发《关于加快农业和农村经济结构战略性调整的意见》。

10月11日 省政府在济南召开专门会议，对进一步做好全省城市最低生活保障工作作出部署。会议提出，要加大财政投入，进一步扩大最低生活保障面，加强基层基础设施建设，争取至2001年上半年，把全省应当享受保障的困难家庭全部纳入保障网，为建立统一、规范、完善的城市居民最低生活保障制度奠定基础。

10月16日—21日 全国扶贫开发研讨会在临沂举行。会议集中研究"八七扶贫攻坚计划"完成之后，巩固提高扶贫成果，全面推进贫困地区经济社会发展问题。

本年 2000年是山东省完成"九五"计划的最后一年。全年全省国内生产总值8542亿元，5年年均增长11%；人均国内生产总值9580元，5年增加3822元。全社会消费品零售总额年均增长12%。全省财政地方收入从1995年的179亿元增至463亿元，年均增长20.9%，连续14年实现收支平衡。本年全省进出口总额249.9亿美元，比1995年增长79.1%；5年累计实际利用外资181.3亿美元。城镇居民人均可支配收入 6490 元，农民人均纯收入 2659 元，扣除价格因素，分别增长 5.8% 和 7.4%。全省城市化水平 36.7%，5 年提高 6 个百分点。全省农村小康实现程度 96%。

二〇〇一年

2月23日 全省农村工作会议在济南召开。会议贯彻落实中央农村工作会议精神，研究部署全省农业和农村工作，动员全省加大措施，继续推进农业和农村经济结构的战略性调整，确保农业稳步发展，农民收入持续增加，农村社会长治久安。

3月28日 省政府下发《关于进一步做好就业和再就业工作的通知》。按照因地制宜、分类指导、加强调控的原则，在确保下岗职工基本生活的基础上，大力发展多种所有制经济，努力扩大就业门路，培育和完善劳动力市场和就业服务体系，积极稳妥地实现企业下岗职工由企业再就业服务中心保障基本生活向失业保险过渡，逐步建立以市场为导向的就业机制，城镇登记失业率控制在3.5%左右。

4月23日 第一次全省城市绿化工作会议在济南举行。会议提出，至2005年，全省城市规划建成区绿地率达到32%，绿化覆盖率达到38%，人均公共绿地面积达到8.8平方米。

5月21日 省政府印发《山东省老龄事业发展"十五"规划》。

6月4日 省委、省政府印发《关于采取综合措施努力增加农民收入的意见》。

8月22日 省政府印发《关于进一步加快发展民营经济的意见》。

9月23日 省政府印发《山东省生态环境建设与保护规划纲要》。

9月28日 第126号山东省人民政府令，发布《山东省实施〈城市居民最低生活保障条例〉办法》，自 2001 年 10 月 1 日起施行。

12 月 17 日　省委印发《山东省"十五"期间社会主义精神文明建设规划》。

二〇〇二年

1月23日—24日 全省农村工作会议在济南召开。会议强调要用市场化的办法和手段，推进农业和农村经济结构战略性调整，提高农业的整体素质和效益，促进农民收入持续稳定增长。

2月1日 省政府印发《山东省依法行政第三个五年规划（2001—2005)》。

3月29日—30日 全省高新技术工作会议在济南召开。4月24日，省委、省政府印发《关于进一步加快高新技术产业发展的决定》，强调突出传统产业改造、新兴产业培植、高新区建设3个重点，建立技术创新、对外合作、投融资3个机制，完善人才培养、中介服务、科学管理3个体系，进一步加快全省高新技术产业发展。

6月12日 省政府印发《山东省农村扶贫开发规划（2001—2010年)》。

9月23日—24日 全省就业工作会议在济南召开。会议要求把促进就业作为经济社会发展的优先目标，把服务业作为新增就业的主渠道，更好地发挥民营经济和中小企业在扩大就业方面的重要作用，通过扩大对外开放带动就业增长。11月28日，省委、省政府印发《关于进一步做好就业工作的决定》，要求确保全省就业局势基本稳定。

10月23日 省政府修订印发《山东省优待老年人规定》。

11月28日 省委、省政府印发《关于进一步做好就业工作的决定》，提出力争在3年内使300万人实现就业再就业，城镇登记失业率控制在 4% 以内；同时公布了鼓励就业和再就业的新措施。

12 月 24 日—25 日　全省经济工作会议在济南举行。会议提出 2003 年要开辟农业发展和农民增收的新途径；着力推进工业结构调整优化；全面提高对外开放水平；大力发展民营经济；促进区域经济协调发展；积极扩大投资和消费；切实解决群众实际困难；认真做好增收节支工作；加快科技体制改革，推进企业技术创新体系和技术服务体系建设，加大人才引进力度；进一步优化经济发展环境。

二〇〇三年

2月25日　省委、省政府印发《关于进一步加强农村卫生工作的决定》。

2月26日　省政府办公厅转发省卫生厅、省财政厅、省农业厅《关于建立新型农村合作医疗制度的意见》，确定山东省建立新型农村合作医疗制度分试点、扩大试点、全面推行3个阶段；自2003年3月开始，至2010年建立起基本覆盖全省农村居民的新型农村合作医疗制度，并不断提高社会化程度和抗风险的能力。

3月20日　省委、省政府在济南召开2002年度全省科学技术奖励大会，对获得国家和省科学技术奖励、为全省科技进步和经济发展作出突出贡献的科技工作者和先进工作者进行表彰。海洋生物学家、中国科学院院士曾呈奎，晶体材料专家、中国科学院院士蒋民华获首次设立的山东省科学技术最高奖，分别获得50万元奖金；美国医学专家卡尔顿·盖蒂谢克、马太·洛埃·瓦曼，日本工业设计专家荣久庵宪司分别获首次设立的山东省国际科学技术合作奖。另有27项省自然科学技术奖、16项省技术发明奖、434项省科技进步奖获得者受到表彰奖励。

3月22日—23日　全省农村工作会议在济南举行。会议要求，切实把解决农业、农村、农民问题作为全局工作的重中之重，树立统筹城乡经济社会发展的新观念，千方百计增加农民收入，促进农村经济社会全面发展。

6月2日—3日 省委八届五次全体会议在济南举行。会议审议通过《中共山东省委关于进一步解放思想干事创业加快现代化建设步伐的决定》。

6月4日—5日 省委工作会议在济南召开。会议明确本世纪头20年山东经济社会发展的"一二三四五六"的工作新思路，即围绕"一个总目标"，争取"两个提前"，完成"三个阶段任务"，实施"四大战略"，落实"五项工作方针"，实现"六个方面变化"。"一个总目标"是建设"大而强、富而美"的社会主义新山东。

6月16日 省委、省政府印发《关于全面推进"诚信山东"建设的意见》。

8月21日 省委办公厅、省政府办公厅印发《关于积极推进企业退休人员社会化管理服务工作的意见》。

9月23日 省政府办公厅转发《关于进一步完善和落实再就业扶持政策的意见》。

9月24日 省委、省政府印发《关于稳定完善农村土地承包经营制度的意见》。

9月29日 全省生态省建设动员大会在烟台召开。会议对建设生态省的各项任务进行了安排部署。此前，8月20日，国家环保总局同意山东列为全国生态省建设试点。9月20日，《山东生态省建设规划纲要》在北京通过专家论证，山东成为全国生态省建设试点。12月26日，省政府印发《山东生态省建设规划纲要》。至此，山东开始全面启动生态省建设。

11月11日 省委、省政府印发《关于进一步做好农村劳动力转移工作的意见》。

12月12日—17日 中共中央总书记、国家主席胡锦涛在山东、河南专门就农业、农村和农民问题进行考察。在山东期间，胡锦涛先后到聊城市、菏泽市视察，在菏泽市召开"三农"问题座谈会并作重要讲话，同时听取省委、省政府的工作汇报及菏泽市、东明县和焦园乡有关情况汇报。

12月19日　省委、省政府印发《关于加快发展旅游业的意见》，提出要把旅游业培育成为山东省国民经济重要的主导产业。

12月23日　省委、省政府印发《关于加快县域经济发展的意见》，确定选择30个经济基础相对薄弱、发展潜力大的欠发达县给予重点帮扶，30个经济强县与30个欠发达县对口帮扶，开展经济协作。

二〇〇四年

1月20日 省委、省政府印发《关于建设"平安山东"的决定》，提出用 3 年时间在全省集中开展建设"平安山东"活动，把山东建设成为全国最稳定最安全的地区之一。

2月12日 全省农村工作会议在济南召开。会议贯彻落实党的十六届三中全会、中央农村工作会议和省十届人大二次会议精神以及胡锦涛视察山东时的重要讲话精神，分析农业和农村经济发展形势，安排部署全省 2004 年及此后一个时期的"三农"工作。

2月20日 省委、省政府印发《关于进一步促进农民增收若干政策的意见》。

3月19日 省政府印发《关于对种粮农民实行直接补贴的通知》。截至 7 月底，全省粮农直补工作基本完成。

3月29日—4月2日 省十届人大常委会第七次会议在济南举行。会议审议通过《山东省就业促进条例》《山东省农村初级卫生保健条例》和新修订的《山东省档案条例》。

4月15日—16日 省委八届七次全体会议在济南举行。会议审议通过《中共山东省委关于牢固树立和认真落实科学发展观的决定》。

4月22日 省政府印发《山东省人民政府关于振兴服务业的意见》。

5月 省总工会和 17 个市、139 个县（市、区）工会全部建立起困难职工帮扶中心（工作站），在全国率先形成省、市、县三级工会帮扶网络。

7月8日—9日 全省科技大会在济南召开。山东大学教授彭实戈获山东省科学技术最高奖。同时颁发山东省自然科学奖、技术发明奖、科学技术进步奖、国际科学技术合作奖等奖项。会议讨论修改《中共山东省委、山东省人民政府关于加强科技创新体系建设，进一步加快高新技术产业发展的决定》。

8月12日 省政府办公厅转发《关于进一步深化户籍管理制度改革的意见》，决定将全省户籍制度作重大改革：取消农业与非农业户口划分，大中专毕业生户口可城乡自由流动，全面放开县域内户口迁移创业政策，获得房产证者与其直系亲属可在购房地落户，被录用的高级技工及其直系亲属可在当地落户。

8月24日 省委办公厅、省政府办公厅印发《山东省村务公开民主管理工作规范》，省政府办公厅印发《关于进一步做好减轻农民负担工作的意见》。

9月2日 省委、省政府印发《关于加快林业发展建设绿色山东的决定》，提出建设"大而强、富而美"的新山东，必须把林业放在更加突出的位置，提高全省的绿色文明程度。

9月20日—23日 省十届人大常委会第十次会议在济南举行。会议审议通过《山东省海洋环境保护条例》《山东省全民体育健身条例》。

12月29日 全省深入开展"平安山东"建设电视电话会议在济南召开。会上，省委、省政府与各市党委、政府签订2005年度社会治安综合治理和"平安山东"建设目标管理责任书，表彰了"平安山东"建设先进县（市、区）、先进基层单位和见义勇为先进个人。

二〇〇五年

1月10日 省委常委会召开会议，传达学习中央保持共产党员先进性教育活动工作会议精神，研究贯彻落实意见。省委印发《关于深入开展以实践"三个代表"重要思想为主要内容的保持共产党员先进性教育活动的实施意见》，确定全省开展先进性教育活动分县及县以上党政机关和部分企事业单位、城市基层和乡镇机关、农村和部分党政机关3批进行，每个批次半年左右时间，自2005年1月起，至2006年6月基本结束。11日，省委召开保持共产党员先进性教育活动动员大会。全省110万名党员干部收听收看了电视会议。

1月25日 全省农村工作会议在济南召开。会议传达中央农村工作会议精神，分析山东农业和农村经济发展形势，部署2005年及此后一个时期的"三农"工作。

3月19日 山东省农村公路改造工作会议召开。计划年内投资60亿元，新改造农村公路2万公里，改造老油路6000公里，改造农村公路桥梁1500座，年底基本实现全省行政村"村村通油路"的目标。

3月30日 省委、省政府转发《省委宣传部、省文明办关于"文明山东"建设的实施意见》，要求各地各部门认真贯彻执行。

4月7日—10日 中共中央总书记、国家主席、中央军委主席胡锦涛到潍坊、威海、烟台等地，深入企业、乡村、城市社区等，就落实科学发展观、构建和谐社会、加强党的建设进行调查研究。山东省委、省政府主要领导陪同考察，并在烟台市举行省委、省政府工作汇报会。11 日—12 日，省委召开常委扩大会议，传达学习中共中央总书记、国家主席、中央军委主席胡锦涛在山东视察时的重要讲话和指示精神，研究学习贯彻落实的意见、措施。

6 月 3 日 省委、省政府印发《关于实施十项民心工程的意见》。十项民心工程是：努力维护社会公正、切实保护群众利益、加强就业和社会保障工作、加快农村扶贫解困步伐、切实解决群众住房难问题、加强污染治理和环境整治、加强公共卫生服务、加大教育投入力度、加快文化体育事业发展、努力保障社会安全。

6 月 3 日 省委、省政府印发《关于加快生态省建设的意见》。

6 月 10 日 省政府办公厅印发《关于进一步加强社会救助体系建设的意见》。

6 月 17 日 省政府印发《关于发展循环经济，建设资源节约型社会的意见》。

7 月 15 日 省政府确定，全省自 2005 年秋季开学起，对农村义务教育阶段部分贫困家庭学生实施"两免一补"（免课本费、免杂费，补助寄宿生生活费），要求各地结合实际，积极采取措施，加大资助困难学生的力度。

7 月 29 日 省政府办公厅转发省广电局、省发展改革委、省财政厅、省农业厅《关于加快推进全省自然村"村村通"广播电视工作的意见》。

8 月 5 日 省委、省政府在济南召开会议，表彰第六批获得山东省"社会文化先进县"的 8 个县（市、区）。

8 月 16 日—25 日 为纪念中国人民抗日战争暨世界反法西斯战争胜利 60 周年，由省委、省政府主办的沂蒙精神大型展览在北京中国国家博物馆隆重举行。展览期间，中共中央政治局常委、中纪委书记吴官正，中共中央政治局常委李长春，中共中央政治局委员、中央书记处书记、中宣部部长刘云山，全国政协副主席郝建秀，中央军委委员、解放军总政治部主任李继耐上将，中共中央政治局原常委宋平，中共中央政治局原委员、全国人大常委会原副委员长姜春云等分别参观展览。

10月13日 省政府决定，自2005年起在全省农村实施村村通自来水工程，到2007年底，全省80%以上的村庄用上安全卫生的自来水，自来水受益人口增加2440万人，达到5220万人以上。

10月25日—27日 省委八届十一次全体会议在济南举行。会议认真学习贯彻党的十六届五中全会精神，听取和讨论省委常委会工作报告，审议《山东省国民经济和社会发展第十一个五年总体规划纲要(草案)》。

二〇〇六年

1月1日 山东全面取消农业税，延续了 2600 年的农业税从此退出历史舞台。

2月8日 省政府印发《山东省中长期科学和技术发展规划纲要(2006—2020年)》。2月22日，全省科学技术大会在济南召开，动员全省努力建设创新型省份。

2月24日—25日 全省农村工作会议在济南召开。会议贯彻落实党的十六届五中全会、中央农村工作会议和中央省部级主要领导干部建设社会主义新农村专题研讨班精神，总结全省"十五"及 2005 年农业农村工作，安排部署社会主义新农村建设和"三农"工作。

3月17日 省政府办公厅下发通知，确定 2006 年小麦种植每亩补贴标准比 2005 年提高 1 元，即青岛、东营、烟台、威海、莱芜 5 市每亩补贴 15 元，其他市每亩补贴 14 元。山东省自 2004 年起，全面开展对种粮农民直接补贴工作，经过实践，基本建立起对种粮农民直接补贴工作机制。

4月3日 省委、省政府印发《关于贯彻〈中共中央、国务院关于推进社会主义新农村建设的若干意见〉的实施意见》。省委、省政府确定，2006 年为农民群众办好实施农业增产增效工程，落实农民"一免四补"（减免农业税，对种粮农民实行直接补贴、对农民实行良种补贴和农机具购置补贴、综合直补）政策，巩固提高农村义务教育，加快实施农民健康工程，加快村村通柏油路、通自来水工程建设，加快农村劳动力培训和转移就业，全面开展科技卫生文化下乡活动，加强扶贫开发和农村贫困群众生活救助，实施渔业资源修复和渔港建设工程，实施村镇容貌整治工程10件实事。

4月27日 省政府办公厅转发省财政厅、省教育厅《关于对享受城市居民最低生活保障政策家庭的义务教育阶段学生实施"两免一补"工作的意见》。确定自2006年秋季开学起，对享受城市居民最低生活保障政策家庭的义务教育阶段学生实施"两免一补"（免课本费、免杂费，补助寄宿生生活费）政策。

5月22日 省委、省政府召开全省旅游发展大会，要求按照建设旅游经济强省的总体要求和目标，创新发展观念，创新发展模式，创新产品体系，充分挖掘、整合、发挥各类资源优势；大力实施旅游品牌战略，将旅游产业建成文明山东、诚信山东、和谐山东、平安山东的窗口和载体。

6月13日 省政府召开全省农村交通建设表彰动员大会，表彰先进集体和先进个人，安排部署"十一五"农村交通建设工作。自2003年起，省交通厅组织实施村村通柏油路、村村通客车、千人以上岛屿通航工程，3年累计投资241亿元，改造农村公路8.8万公里，新增通柏油路行政村37233个，直接受益人口约3030万人，93.5%的行政村通柏油（水泥）路。通客车行政村8.5万个，占全省行政村总数的98.1%。新建12个陆岛交通码头，全省22个千人以上岛屿全部通航。

7月14日 省委印发《山东省"十一五"期间社会主义精神文明建设规划》。

8月16日—25日 由省委、省政府主办，临沂市委、市政府承办的"沂蒙精神晋京展"在北京国家博物馆举行大型展览，被中宣部列为全国纪念抗日战争胜利60周年三大主题展览之一，取得轰动性效果。

9 月 23 日 省委、省政府印发《山东省深化文化体制改革工作方案》。

9 月 26 日 省政府发出《关于实施农村义务教育经费保障机制改革的通知》，提出自 2007 年春季开学起，全面实施农村义务教育经费保障机制改革，全部免除农村义务教育阶段学生杂费。

10 月 26 日 《大众日报》报道，2003 年以来的 4 年内，全省各级政府累计投入帮扶资金 3.8 亿元，重点改善民族乡村的农田水利、交通和电力等基础设施，民族村（居）实现村村通电，70% 的民族村解决了人畜饮水和农田灌溉问题，85% 的民族村解决了交通问题。全省建立三大鲁羊良种调拨基地、20 个鲁羊养殖示范点和 11 个冬枣种植基地，建立了少数民族脱贫项目库，全省少数民族实现整体脱贫目标。2005 年，全省农村少数民族人均纯收入达到 3552 元，比 1999 年增收 1119 元。

11 月 15 日 省政府下发通知，确定自 2007 年 1 月 1 日起，在全省全面建立并实施农村居民最低生活保障（简称"农村低保"）制度。

11 月 30 日 省委、省政府印发《山东省建设社会主义新农村总体规划（2006—2020 年)》。

12 月 19 日 省财政厅、省发展改革委、省民政厅等部门联合印发《关于建立财政涉农补贴资金"一本通"发放制度的通知》，决定从 2007 年起，在全省全面推行涉农补贴"一本通"发放制度。

二〇〇七年

1月5日　省政府办公厅下发通知，确定 2007 年在全省全面推开新型农村合作医疗试点工作，将济南市市中区等 46 个县（市、区）增列为省级试点。至此，全省累计有 134 个县（市、区）开展新型农村合作医疗制度建设，提前一年建立起覆盖全省农村居民的新型农村合作医疗制度。

6月24日—28日　中共山东省第九次代表大会在济南召开。省委书记代表省第八届委员会向大会作题为《科学发展　和谐发展　率先发展　在新起点上实现富民强省新跨越》的报告。

7月2日　省委、省政府印发《关于大力发展海洋经济建设海洋强省的决定》。

7月24日—27日　省十届人大常委会第二十九次会议审议通过《山东省法律援助条例》《山东省中小企业促进条例》等。其中，《山东省中小企业促进条例》是山东中小企业发展史上的第一部地方性法规。

8月10日　省政府办公厅下发《关于建立物价上涨与提高困难群众生活补贴和保障标准联动机制的通知》。

8月28日　省卫生厅举行全省新型农村合作医疗制度建设情况通报会。山东省自 2003 年启动新型农村合作医疗试点以来，已覆盖农民 6646.41 万人，全省农民参合率 90.08%，参合农民人数居全国第一。134 个有农业人口的县（市、区）全部开展新型农村合作医疗工作，比全国提前一年基本建立起新农合制度。

9月5日　省政府办公厅下发通知，从2007年秋季开学起，山东省全部免除农村民办义务教育学校在校学生杂费，所需资金全部由财政承担。

9月23日　全省道德模范表彰大会在济南召开。这是山东首次评选表彰全省道德模范。

10月7日　省政府印发《关于贯彻国发〔2007〕24号文件进一步解决好城市低收入家庭住房困难的意见》。10月22日，全省城市住房工作会议在济南召开。

12月26日　省民政厅印发《关于加强孤儿救助工作的意见》，规定了孤儿在生活、医疗、康复、教育、住房、就业等方面享有的政策，明确民政、财政、教育等15个部门的救助职责。这是中华人民共和国成立后山东省对孤儿生活救助和服务保障的第一个综合性福利制度安排。

二〇〇八年

1月13日　省委、省政府在济南召开全省文化建设工作会议。会议授予于希宁、冯德英、郎咸芬、王玉梅、张春秋"山东省文化艺术终身成就奖"称号，分别颁发奖金20万元。同日，省委、省政府印发《关于推动文化大发展大繁荣的意见》。

1月31日　《闯关东》剧组获省委、省政府通令嘉奖。由省委宣传部、省广电局、山东电影电视剧制作中心组织创作的52集大型电视剧《闯关东》，是一部弘扬艰苦奋斗、自强不息伟大民族精神的精品力作。8月30日，《闯关东》获得第24届中国电视金鹰奖最佳长篇电视剧奖等7项大奖。9月12日，《闯关东》获得首届山东省"泰山文艺奖"特别荣誉奖。

2月5日　省委、省政府印发《贯彻〈中共中央、国务院关于切实加强农业基础建设进一步促进农业发展农民增收的若干意见〉的实施意见》。

2月28日　全省新型农村合作医疗暨卫生工作会议在济南召开，会议确定：山东省自2008年起再次提高新农合人均补助标准，两年内达到人均筹资100元，并逐步统一新农合补偿模式和方案。2008年，各级政府对参合农民补助要达到人均不低于60元，2009年不低于80元。

5月6日—10日　中共中央政治局常委、中央书记处书记、国家副主席习近平先后到青岛、潍坊、济南等地，了解山东贯彻落实党的十七大精神和全国"两会"精神的情况，并就推动科学发展、促进社会和谐、加强党的建设等问题进行调研。7 日，习近平在青岛出席京外奥运赛区筹办工作会议并讲话。5 月 12 日，省委召开常委会议，传达学习习近平在京外奥运赛区筹办工作会议和在山东省党政负责人座谈会上的讲话。

6 月 12 日　全省就业工作会议在济南召开，对全省首次评出的"百名农民工之星"及"山东省首届十佳农民工"进行表彰。这是山东省第一次为农民工评奖。同日，山东为 117 名农民工办理城市落户手续。这是山东首次为农民工开启城市落户的窗口。

7 月 20 日　中共中央总书记、国家主席、中央军委主席胡锦涛到青岛考察北京奥运会帆船比赛筹办工作，并对企业生产经营情况进行调研。中共中央政治局委员、北京市委书记、北京奥组委主席刘淇参加考察。

8 月 8 日　山东省家庭经济贫困学生资助工作座谈会在泰安举行，以全国学生资助管理中心主任马文华为团长的中央新闻采访团参加会议。山东省建立起从高等教育、高中教育到义务教育的家庭经济困难学生资助体系，在全国率先实现"全覆盖"。

9 月　山东省启动农村中小学"两热一暖一改"（热水、热饭、取暖、改厕）工程，即"211 工程"。2008 年，省级财政共投资 5000 万元。其中，"两热一暖一改"工程首批试点学校 20 所，"改厕治污"试点学校 120 所。

10 月 22 日　全国优抚医疗保障工作现场会在临沂召开，推广山东全面建立新型优抚医疗保障制度的经验。

12 月 19 日—20 日　省委九届六次全体会议在济南举行。会议审议通过《中共山东省委关于认真贯彻落实党的十七届三中全会决定，推进我省农村改革发展的意见》。评议省委常委会《关于贯彻落实科学发展观情况的分析检查报告》和 2008 年度干部选拔任用工作。

二〇〇九年

4月21日—22日　中共中央总书记、国家主席、中央军委主席胡锦涛在济南、青岛等地，就做好保增长、保民生、保稳定工作进行考察，并主持召开座谈会，听取山东省委、省政府工作汇报，发表重要讲话。

6月1日　根据中央部署，省委组织部、省委宣传部等部门联合发出《关于组织开展"全国100位为新中国成立作出突出贡献的英雄模范人物、全国100位新中国成立以来感动中国人物"推荐和"山东省100位为新中国成立、建设作出突出贡献的英雄模范人物"评选活动的通知》，山东启动"三百"人物评选活动。9月10日，于化虎、马立训等8名山东人入选"百位英雄模范人物"，孔繁森、王杰等11名山东人入选"百位感动中国人物"。9月21日，"山东省100位为新中国成立、建设作出突出贡献的英雄模范人物"评选结果揭晓，于化虎等100位英雄模范入选。

10月16日　中共中央总书记、国家主席、中央军委主席胡锦涛在济南接见新中国体育发展60年来涌现出的优秀运动员和教练员代表、全国群众体育先进单位和先进个人代表、全国体育系统先进集体和先进工作者代表。中共中央政治局委员、国务委员刘延东主持。同日，国家主席胡锦涛在济南会见国际奥委会主席雅克·罗格。

10月16日—28日　中华人民共和国第十一届运动会在山东省

举办。主赛区设在济南市，山东省其他 16 个市均设有分赛区，共有 10900 多名运动员参加 33 个大项、362 个小项的比赛。在本届全运会上，有 7 人 9 次创超 5 项世界纪录，3 队 12 人 21 次创 16 项亚洲纪录，5 队 29 人 52 次创 39 项全国纪录，5 人 12 次创 8 项全国青年纪录。山东体育代表团以 63 枚金牌列综合金牌榜、153 枚奖牌列综合奖牌榜、3220 分列综合总分榜三榜榜首。中共中央总书记、国家主席、中央军委主席胡锦涛出席开幕式并宣布运动会开幕。国际奥委会主席罗格，部分国际奥委会委员出席开幕式。中共中央政治局常委、国务院总理温家宝出席全运会闭幕式。中共中央政治局委员、国务委员刘延东，全国人大常委会副委员长蒋树声，全国政协副主席王志珍，中央军委委员李继耐，国家体育总局局长，省委、省人大、省政府，济南军区主要负责人等出席闭幕式。

11 月 22 日　省委、省政府印发《关于统筹城乡发展加快城乡一体化进程的意见》。

11 月 23 日　国务院正式批复《黄河三角洲高效生态经济区发展规划》。黄河三角洲地区的发展上升为国家战略。

11 月 27 日　省委、省政府印发《关于推进农村社区建设的意见》。

11 月 27 日　充分展现"军民水乳交融、生死与共铸就的沂蒙精神"的电视连续剧《沂蒙》在中央电视台首播，在全国引起强烈反响。该剧荣获第二十八届中国电视剧"飞天奖"一等奖，"金鹰奖"优秀奖、第四届 CCTV 电视剧"最佳热播剧奖"和"最高收视率奖"。

12 月 29 日　首届山东省省长质量奖颁奖大会在济南举行。海尔集团公司等 15 家企业和吴经建等 8 人获首届山东省省长质量奖和提名奖。这是新中国成立后省政府第一次以省长名义设立奖项，也是全国范围内第一次颁发省长质量奖。

12月31日 王伯祥先进事迹报告会在北京人民大会堂举行。报告会前，中共中央政治局常委、中央书记处书记、国家副主席习近平会见王伯祥和报告团全体成员并讲话。此前，11月17日，习近平亲自给王伯祥致信，勉励他珍惜荣誉，保重身体。

二〇一〇年

4月29日 《大众日报》报道，山东省黄河三角洲高效生态经济区内6个市19个县（市、区）集中开工项目142个，总投资额1371.67亿元，全年计划投资458.33亿元，涵盖了生态建设与环境保护、高效生态农业、环境友好型工业、现代服务业、基础设施、社会事业等。

6月10日—11日 省委九届十次全体会议在济南举行。会议审议通过《中共山东省委、山东省人民政府关于加快经济发展方式转变若干重要问题的意见》。

7月21日—22日 全省服务业发展工作会议在济南召开。8月18日，省政府出台《关于加快服务业跨越发展的若干政策》。8月26日，全国服务业发展改革工作座谈会召开，济南、青岛两市被确定为国家首批服务业综合改革试点区。

7月29日 省委、省政府印发《关于加快经济发展方式转变若干重要问题的意见》。

8月9日 省政府出台《关于加强土地综合整治推进城乡统筹发展的意见》。

8月13日—14日 全国文化体制改革工作会议在青岛举行。中共中央政治局常委李长春对会议作出重要批示。中共中央政治局委员、中央书记处书记、中宣部部长刘云山，中共中央政治局委员、国务委员刘延东出席会议并讲话。省委书记致辞，省长发言。

9月27日—30日 第三届山东文化产业博览交易会在济南国际

会展中心举行。本届文博会设济南主会场和济宁、威海两个分会场，参观人数达 220 万人次。展会期间，现场签约 85 个项目，投资总额 1383.57 亿元人民币、6 亿元港币，融资总额 361 亿元人民币。济宁和威海分会场签订文化产业项目 26 个，投资总额超过 120 亿元。全省共征集各类文化产业项目 1376 个，投资总额达 4841 亿元，融资总额达 2704 亿元。

11 月 18 日 省委、省政府印发《关于做好新形势下群众工作若干问题的意见》，对加强和改进新形势下群众工作作出全面部署。11 月 19 日至 20 日，全省群众工作会议在临沂召开。

11 月 27 日—29 日 省委九届十一次全体会议在济南举行。会议审议通过《中共山东省委关于制定山东省国民经济和社会发展第十二个五年规划的建议》。

12 月 13 日 山东省与重庆市在济南举行扶贫协作座谈会暨扶贫协作框架协议签约仪式。在签约仪式上，山东的济南市等 14 个市分别与重庆市的武隆县等 14 个县（区）签订扶贫协作框架协议。

二〇一一年

1月4日 国务院批复《山东半岛蓝色经济区发展规划》，这是"十二五"开局之年第一个获批的国家发展战略，也是全国第一个以海洋经济为主题的区域发展战略。

3月20日 省政府召开常务会议，研究部署全省保障性安居工程建设。会上，省政府与17个市签订2011年度住房保障工作目标责任书。会后，全省保障房建设全面展开。至年底，全省共开工保障性安居工程38.9万套，连同结转项目竣工率达71.2%，超额完成国家下达任务。

4月21日 全省实施"乡村文明行动"电视电话会议在济南召开。4月23日，省委办公厅、省政府办公厅印发《关于在全省农村实施"乡村文明行动"的意见》。

5月19日 山东·重庆扶贫协作暨经贸合作项目签约仪式在重庆举行。在签约仪式上，山东承担扶贫协作任务的14个市的企业分别与重庆市的15个扶贫开发重点区（县）达成合作项目60个，投资总额317亿元，涉及先进制造业、现代农业、旅游服务业等产业领域。

5月23日—25日 全省生态文明乡村建设现场会议在蒙阴召开。6月16日，省委、省政府印发《关于加强生态文明乡村建设的意见》。

7月1日 省政府印发《关于贯彻国发〔2011〕18号文件开展城镇居民社会养老保险试点的意见》。4日，全省城镇居民社会养老保险试点部署暨新型农村社会养老保险试点经验交流电视会议召开。至年底，山东省新农保和城镇居民城乡养老保险制度提前一年全覆盖。

7月31日 省政府发布《山东省国民休闲发展纲要》，这是我国首个以"纲要"形式颁布实施的全民休闲促进性文件，旨在引导群众更广泛地参与休闲活动。

10月11日 省政府特批重大文化工程——《山东文献集成》竣工学术研讨会在山东大学举行。这是一项世纪文化建设工程，弥补了山东没有代表性地方文献丛书的缺憾。

11月29日 由省政府主办，省委宣传部、省发展改革委、省财政厅、省文化厅等7部门承办的山东省文化产业重点项目推介会在北京举行。本次推介会共推介236个文化产业项目，以核心层和新兴文化产业为重点。其中，重点项目122个，总投资额1304.62亿元；现场签约项目22个，投资总额839.83亿元，融资总额519.92亿元，投资超过10亿元的文化产业签约项目共15个。

二〇一二年

1月10日　省委、省政府在济南召开生态山东建设大会,对做好生态山东建设工作作出具体部署。此前,2011年12月31日,省委、省政府作出《关于建设生态山东的决定》,对建设生态山东的总体要求、目标和具体任务作出明确规定。

3月7日　中共中央政治局常委、中央书记处书记、国家副主席习近平在参加十一届全国人大五次会议山东代表团审议时强调,2012年是实施"十二五"规划承上启下的重要一年,希望山东把握稳中求进的工作总基调,坚定信心、攻坚克难、开拓前进,谱写山东改革发展新篇章。

3月9日　省委印发《关于以选派"第一书记"为抓手,扎实开展基层组织建设年的实施意见》,省委办公厅、省政府办公厅印发《关于从省直单位选派"第一书记",抓党建促脱贫的实施方案》。由此,选派"第一书记"驻村帮扶在山东拉开大幕。各市也积极开展选派活动。2012年,全省第一批共选派2.6万名"第一书记"帮包1.8万个村、社区等基层单位。"第一书记"为农村解决人才匮乏的问题,给农村带来先进的理念,促进城区优势资本与农村优质资源的对接,取得明显成效。

3月30日　全省扶贫开发工作会议在济南召开。会议深入学习贯彻中央扶贫开发工作会议精神,全面部署扶贫开发工作,动员全省各方面打好新一轮扶贫开发攻坚战。

4月18日 山东省99个文化产业项目集中开工暨山东书城奠基仪式在济南举行。

5月21日 中央彩票公益金支持沂蒙革命老区扶贫开发创新试点项目专家评审会在济南召开，确定沂南县、郯城县、泗水县、费县、临朐县、平邑县、莒县、五莲县、沂源县、苍山县、莒南县、临沭县为试点项目县。

5月24日—28日 中共山东省第十次代表大会在济南召开。省委书记作了题为《加快建设经济文化强省，谱写山东人民美好生活新篇章》的报告。会议选举产生新一届山东省委、省纪委和山东省出席党的十八大的代表。

6月29日 省委、省政府印发《关于推动县域科学发展整体提升综合实力的意见》，提出以市为单位推进县域科学发展。同日，省委办公厅、省政府办公厅印发《县域科学发展年度综合评价及考核办法（试行)》。7月5日，全省推动县域科学发展整体提升综合实力工作会议在济南召开。

7月9日 山东省出台《进一步支持小型微型企业健康发展的实施意见》。

7月10日—14日 山东省在香港举办2012香港山东周系列活动。山东代表团举办了鲁港经贸合作洽谈会暨重大合作项目签约仪式、鲁港合作高层圆桌会议、鲁港澳青年企业家交流会等，拜会了香港特区政府、中央驻港机构，拜访了香港工商界知名人士，集中推动了一批重大项目，共签署合同项目267个，合同外资238亿美元。

7月28日 省委召开全省领导干部会议，主要任务是深入学习贯彻胡锦涛在省部级主要领导干部专题研讨班上的重要讲话精神，学习贯彻省第十次党代会精神，分析当前经济形势，研究部署下一步经济工作。

8月20日 《山东省水生态文明城市评价标准》实施。这是全国第一个水生态文明城市省级地方评价标准。

9月19日 由国务院侨办、省政府联合主办的第六届华商企业科技创新合作交流会在济南开幕。来自美国、新加坡、马来西亚、印度尼西亚等29个国家和香港、澳门地区的近400位华商和华侨华人专业人士出席会议。

9月27日 2012中国（曲阜）国际孔子文化节经贸文化产业招商推介会暨500强企业走进圣城活动启动仪式在曲阜市举行。此次活动共落实10亿元以上重大签约项目35个，合同投资总额597.77亿元，外资总额565.2亿元。

9月30日 全省开工各类保障性安居工程32.6万套，开工率110%，竣工11.9万套，竣工率101%，提前3个月完成国家确定的"年底前29.5万套全部开工、年内竣工11.8万套"的目标。

10月16日 省政府下发《关于开展新型农村合作医疗重大疾病医疗保险工作的意见（试行)》。

11月2日 省政府下发《山东省战略性新兴产业发展"十二五"规划》。

11月8日—14日 中国共产党第十八次全国代表大会举行。大会通过的报告《坚定不移沿着中国特色社会主义道路前进，为全面建成小康社会而奋斗》，强调要在党的十六大、十七大确立的全面建设小康社会目标的基础上努力实现新的要求：经济持续健康发展，人民民主不断扩大，文化软实力显著增强，人民生活水平全面提高，资源节约型、环境友好型社会建设取得重大进展。

11月13日 科技部、国务院国资委、中华全国总工会联合认定第五批126家国家创新型试点企业，山东烟台泰和新材料公司等10家企业名列其中，新增量居全国各省（自治区、直辖市）第一位。至此，山东国家级创新型试点企业已达45家，累计总数量蝉联全国各省（自治区、直辖市）第一位。

11月21日 省政府印发《关于加快科技成果转化提高企业自主创新能力的意见（试行)》，允许和鼓励在鲁高等院校、科研院所职务发明成果的所得收益，按至少60%、最多95%的比例划归参与研发的科技人员及其团队拥有。

11月25日 山东"警务云"建设正式启动，全省17个市的上千个警务应用系统被统一纳入山东警务云计算平台，这也是国内首个省级"警务云"。

11月26日 国家发展改革委印发《中原经济区规划（2012—2020年)》，这是继国家出台指导意见后，推进中原经济区建设的又一重大举措。聊城市、菏泽市和东平县列入《规划》。

11月30日 国内首列时速200公里和谐号CRH6型城际动车组在青岛竣工下线。

12月4日 中共中央政治局会议审议通过《十八届中央政治局关于改进工作作风、密切联系群众的八项规定》。11日，中共中央印发这一规定。28日，省委召开常委会议，研究制定省委常委会落实中央政治局关于改进工作作风、密切联系群众八项规定的十条实施办法。

12月5日 省政府与文化部在济南签署《关于合作推进山东文化强省建设框架协议》。

12月5日 山东省出台《关于做好进城务工人员随迁子女接受义务教育后在当地参加升学考试工作的实施意见》。

12月5日—7日 全省城镇化工作会议召开。会议总结交流全省城镇化工作进展情况，推动全省城镇化转变发展方式、提高发展质量，努力走出一条具有山东特色的城镇化发展路子。

12 月 15 日 山东中等职业教育免学费政策扩大，国家助学金由资助一、二年级农村学生和城市贫困学生，调整为资助一、二年级涉农专业学生和城乡贫困学生。

12 月 18 日 山东援疆最大产业合作项目——山东钢铁集团喀什钢铁项目建成投产并举行点火仪式。

12 月 18 日 华电莱州发电有限公司一期二号机组在莱州湾畔投产，标志着国内首座生态智能化电厂开始供电。

12 月 23 日—24 日 全省经济工作会议在济南召开。会议深入学习贯彻党的十八大和中央经济工作会议精神，总结 2012 年经济工作，研究部署 2013 年经济工作任务。

12 月 25 日 第六批省级龙头企业授牌仪式暨山东省农业产业化协会换届会议在济南召开。全省规模以上龙头企业达到 8120 家，成为保障农产品供给的重要抓手、农民就业增收的主要渠道、现代农业发展的基本经营形式和推进新农村建设的重要力量之一。据统计，2011 年全省参与产业化经营农户超 1800 万，人均增收 1600 元。

12 月 31 日 省委、省政府召开日照钢铁精品基地开工动员大会，标志着日照钢铁精品基地建设启动。此前，10 月 12 日，省政府印发《山东省钢铁产业淘汰压缩落后产能实施方案》。

本年 山东粮食实现"十连增"。经国家统计部门核定，总产达到 902.3 亿斤，比上年增加 17 亿斤，增长 1.9%，山东成为当年全国唯一实现"十连增"的省份。

本年 山东省 35 件民生实事全部完成，"民生大单"包括就业、社保、教育、卫生、住房五个领域的 32 件实事和农业、文化惠民项目方面的 3 件实事。多项民生保障指标跃居全国前列，山东财政民生支出比重达 56%，新增财力 70% 用于民生支出。

二〇一三年

1月1日 全省县级公立医院综合改革试点正式启动，全省30个试点县（市、区）的县级医院破除"以药补医"机制，取消药品加成政策，实行"零差率"销售。

1月5日 山东重庆东西扶贫协作座谈会在济南召开。

1月10日 全省农村工作会议在济南召开。会议贯彻落实党的十八大和中央农村工作会议精神，总结2012年全省农业农村工作，部署了此后一个时期的农业农村工作。同日，省委、省政府印发了《关于认真贯彻落实中发〔2013〕1号文件精神，深入推进农村改革发展的意见》。

1月15日 省政府印发《山东省主体功能区规划》，根据不同区域的资源环境承载能力、现有开发强度和发展潜力等，以是否适宜或如何进行大规模高强度工业化、城镇化开发为基准，将全省15.7万平方公里的陆域面积划分为优化开发、重点开发、限制开发和禁止开发四类区域。《规划》提出，构建城市化、农业和生态安全三大战略格局，2020年形成主体功能清晰，人口、经济、资源环境相协调，均衡、和谐、可持续的国土空间格局。

1月18日 在北京召开的全国科学技术奖励大会上，山东省有26个项目获得2012年度国家科学技术奖励，其中作为第一完成单位或主要完成单位的有13项。

1月20日 省政府与交通运输部在济南签署《共同推进绿色交

通运输体系建设会谈备忘录》。

1月25日—2月1日 省十二届人大一次会议在济南举行。会议通过的政府工作报告确定2013年主要任务是：促进经济持续健康发展，进一步加大"转、调、创"力度，积极稳妥推进城镇化，加快建设现代农业，推动区域协调发展，建设生态山东、美丽山东，全面提高开放型经济水平，加快文化强省建设，坚定不移深化改革，加强民生保障和社会建设。会议审议通过关于2013年省国民经济和社会发展计划的决议、关于省人大常委会工作报告的决议、关于省高级人民法院工作报告的决议、关于省人民检察院工作报告的决议等。

2月21日 省财政部门研究制定《深入推进农村改革发展的实施意见》，提出35条强农惠农富农政策措施。同时结合中央支持，筹集资金653亿元，推动现代农业发展。其中，省级财政预算安排"三农"资金389.5亿元，比上年预算增加66亿元，增长20.4%。

4月5日—9日 第十七届西洽会在西安曲江国际展览中心举办。山东省共签约项目24个，总金额98.2亿元。

4月9日 黄河三角洲国家现代农业科技示范区建设座谈会暨"渤海粮仓"科技示范工程启动会在东营举行。

4月12日 首届中国（苍山）国际蔬菜产业博览会开幕。同日，全国首家国家农业公园挂牌开园，总投资30亿元，总面积62万亩，其中核心区2万亩，示范区10万亩，辐射区50万亩。

4月15日—17日 中共中央政治局常委、全国人大常委会委员长张德江在山东调研时强调，实现中华民族伟大复兴的中国梦，对依法治国提出更高要求，我们要全面贯彻落实党的十八大精神和十二届全国人大一次会议精神，全面推进依法治国、维护宪法和法律权威，更加注重发挥法治在国家治理和社会管理中的重要作用，为建设法治中国不懈奋斗。

4月20日 第十四届中国（寿光）国际蔬菜科技博览会开幕，主题为"绿色·科技·未来"。

4月26日 省财政决定安排3000万元，正式设立山东省科技惠民计划，这是山东首个以促进科技成果转化惠及民生为主旨的科技计划。

5月8日 青岛蓝色经济率先突破座谈会在青岛举行。由新华社、山东省人民政府、青岛市人民政府三方合作成立的新华（青岛）国际海洋资讯中心正式启动运营。

5月12日 威海通过省级生态市验收，成为山东省首个通过验收的地级市。此前，威海所辖的荣成、文登、乳山相继成为全省仅有的3个国家级生态市（县）。

5月22日 烟台鼎城2008小区楼顶天台的太阳能电池板所发电力全部汇入烟台电网，这标志着山东省首个小区"屋顶光伏电站"并网发电，每天发出约200度电至烟台电网，使用寿命25年，可减排二氧化碳约15450吨。

5月27日—30日 2013香港山东周在香港举办。活动期间，山东省党政领导拜会了香港特别行政区行政长官梁振英等政经、工商界人士，并与驻港央企部分负责人会面；出席2013香港山东周合作项目签约、山东省人民政府与中国太平保险集团战略合作协议、青岛市人民政府与香港贸易发展局合作备忘录签署等仪式。本届香港山东周共签署合同项目272个，合同外资223.7亿美元，涵盖现代服务业、战略性新兴产业、现代制造业、基础设施、现代农业等众多领域。

6月6日—8日 全省乡村文明行动现场推进会在费县、滕州、曲阜举行。会议现场观摩了当地乡村文明行动开展情况，总结交流两年来全省工作情况。

6月7日 山东高校毕业生就业信息网统计数据显示，截至5月底，全省共有 14.39 万名毕业生确定了就业岗位，总体就业率约为 30.04%。从就业特点看，制造业用工需求量下降，服务业用工需求量较上年同期有所增加。

6月14日 省工商行政管理局发布《关于进一步发挥职能优化市场环境的意见》，30 条措施最大限度简政放权、降低市场准入门槛，多项举措在全国实现新突破。

6月14日 《山东省农村土地承包经营权确权登记颁证工作方案》颁布实施。

6月17日 山东省食品安全城市联盟在青岛成立，这是全国第一个省域范围的食品安全城市联盟，将共同维护山东食品产业的良好声誉和形象，为山东省乃至全国提供安全食品。

6月20日 第五届中韩绿色经济合作论坛在青岛举行。论坛由中国贸促会、韩国大韩商工会议所联合主办，以"节能温室气体减排技术交流及扩大方案"和"环境·资源循环产业现状及未来展望"为主题。

6月28日 省委印发《关于深入开展党的群众路线教育实践活动的实施意见》。《实施意见》就全省深入开展党的群众路线教育实践活动的总体要求、目标任务、方法步骤、组织领导作出了详细规定。7月3日，省委召开全省党的群众路线教育实践活动动员大会进行动员部署，强调要进一步加深对教育实践活动重大意义的认识，坚决贯彻落实中央决策部署，着力解决"四风"问题，密切同人民群众的血肉联系，确保教育实践活动取得实实在在的成效。教育实践活动自上而下分两批开展，共有近 30 万个基层党组织、620 多万名党员参加。2014 年 10 月 14 日，山东省召开党的群众路线教育实践活动总结大会，标志着山东党的群众路线教育实践活动结束。

7月4日 省政府印发《关于进一步深化省以下财政体制改革的

意见》，在全国率先实施省以下财政体制改革，要求通过"下划收入、财力分成、激励约束、明确责权"，初步形成利益共享、风险共担、激励相容的省以下财政体制。

7月17日 省政府发布《山东省2013—2020年大气污染防治规划》及《山东省2013—2020年大气污染防治规划一期行动计划》。

7月17日 省政府整合省食品安全工作办公室、省食品药品监督管理局的职责以及省工商行政管理局的流通环节食品安全监督管理职责、省质量技术监督局的生产环节食品安全监督管理职责，重新组建省食品药品监督管理局，同时挂省食品安全委员会办公室牌子，为省政府直属机构，负责对生产、流通、消费环节的食品安全和药品的安全性、有效性实施统一监督管理。

7月31日 省政府发布《关于取消和下放行政审批事项的决定》，取消行政审批事项63项，下放行政审批事项56项。到年底，全省分3次共取消下放行政审批项目230项。

8月7日 省政府印发《关于加快全省金融改革发展的若干意见》，明确提出争取用5年左右的时间，初步建成与全省实体经济和企业创新相适应、市场化水平较高的现代金融体系。

8月15日 全省首部基本公共服务总体规划——《山东省基本公共服务体系建设行动计划（2013—2015年)》正式发布实施。

8月24日 《青岛市低碳城市试点工作实施方案》获得国家发展改革委批复，青岛成为山东首个低碳试点城市。

8月28日 省委、省政府研究通过《省会城市群经济圈发展规划》和《西部经济隆起带发展规划》。这标志着山东"一圈一带"区域发展战略正式启动。省会城市群经济圈的规划范围包括：省会济南及周边的淄博、泰安、莱芜、德州、聊城、滨州共7个市、52个县（市、区），总人口3368万，国土面积52076平方公里，分别占全省的 34.8% 和 33.2%。西部经济隆起带的范围主要包括：枣庄、济宁、临沂、德州、聊城、菏泽 6 个市和泰安市的宁阳、东平两个县，共 60 个县（市、区），总人口 4481 万，面积 6.7 万平方公里，分别占全省的 42.8% 和 46.5%。两个规划串联起山东中西部区域经济新版图。

8 月 28 日 省委、省政府在济南召开全省直接联系群众做好信访工作会议，就进一步推进党员干部直接联系群众、做好信访工作、化解矛盾纠纷作出安排部署。

9 月 2 日 省政府印发《关于进一步做好新形势下农民工工作的意见》。《意见》以健全农民工公共服务制度、推进基本公共服务均等化为重心，深化户籍制度改革，创新社会管理体制，力促山东省农民工工作打开新局面。中小城市户口迁移限制全面放开，有稳定劳动关系农民工 2015 年全部纳入社会保险制度，2020 年农民工平均收入比 2010 年翻一番，随迁子女在父母务工所在地有完整初中学习经历的非户籍考生可就地参加中考，允许农民工及其单位暂按较低缴存比例，先行建立住房公积金账户。

9 月 2 日 省政府印发《山东省价格调节基金管理办法》，自 2013 年 11 月 1 日起施行。因价格大幅上涨而影响到低收入群体基本生活等 5 种情形可使用价格调节基金予以补贴。

9 月 4 日 省政府办公厅印发《关于促进进出口稳增长、调结构的实施意见》。

9 月 4 日—5 日 全国经济林建设现场会在济南召开。山东省经济林面积达到 2075 万亩，产品产量达 1871 万吨，经济林种植业产品产值 917.7 亿元，产量、产值均居全国首位。

9 月 6 日—9 日 第十三届中国（淄博）国际陶瓷博览会·第十二届中国（淄博）新材料技术论坛·2013 年山东省产学研展洽会在淄博举办。陶博会总交易额 52.2 亿元，新技术论坛签订技术合作

617 项，展洽会共签约产学研合作 257 项。

9 月 10 日　第七届华商企业科技创新合作交流会在济南开幕。

9 月 12 日　山东省全面启动"彩虹蓝天"电能替代工程，通过推广热泵、电采暖等举措实现以电代煤，以电代油，减少空气污染物排放。

9 月 17 日　省委办公厅、省政府办公厅印发《关于加强农村新型社区建设推进城镇化进程的意见》，要求坚持政府引导、规划先行、群众自愿、社会参与的原则，强化产业支撑，完善基础设施，延伸公共服务，创新管理体制，在农村地区着力建设布局合理、环境优美、功能完善、服务便捷、管理高效的新型社区。

9 月 18 日　省政府办公厅印发《关于促进创业带动就业的意见》，推进"创业齐鲁·乐业山东"建设。自 2014 年起，全省各类创业人员小额担保贷款最高额度统一提高到 10 万元，符合条件的小企业小额担保贷款最高额度提高到 300 万元。2014 年到 2018 年，确保创业成功率年均增长 5% 以上。

9 月 26 日　在北京举行的第四届全国道德模范评选表彰活动颁奖仪式上，54 名道德模范受到表彰，山东省参选的候选人刁娜、沈星、孟祥民 3 人获评全国道德模范，另外刘吉传、刘成德、王伟、郭庆刚、陈叶翠、于统帅、王华堂和张翠兰夫妇获得全国道德模范提名奖。

10 月 11 日　第十届中国艺术节在济南开幕。中共中央总书记、国家主席、中央军委主席习近平致信祝贺，中共中央政治局委员、国务院副总理、第十届中国艺术节组委会主席刘延东宣布艺术节开幕。

10 月 24 日　第三届中国湿地文化节暨东营国际湿地保护交流会在东营举行，黄河三角洲自然保护区被列入国际重要湿地名录。

10 月 28 日—11 月 1 日　2013 台湾·山东周暨第十九届鲁台经

贸洽谈会在台湾举办。其间，山东省经济文化交流团会见了台湾知名人士；出席了台湾与山东企业家交流恳谈会、台北市与山东省城市管理与发展交流会、两岸合作发展论坛、鲁台新兴产业合作论坛、南台湾·山东合作发展交流会、山东·花莲有机农业合作暨农机培训启动仪式等活动。

11月1日　省政府办公厅印发《山东省人民政府关于加快服务业发展的若干意见》。4日，省政府召开全省加快服务业发展电视会议，对加快服务业发展进行部署，要求以改革创新精神推动服务业加快发展。

11月6日　2013中国·青岛蓝色经济发展国际高峰论坛在青岛开幕。论坛以"科技·人才·金融与产业融合"为主题，旨在深化国际交流合作平台，助力"海洋强国"建设。同日，由省政府、东北亚地区地方政府联合会海洋和渔业专门委员会等共同举办的"海洋新兴产业和蓝色硅谷建设论坛"在青岛市举行。

11月7日　全省创业创新工作会议在济南召开。会议主题是深入贯彻落实习近平总书记对山东发展提出的新要求，交流各行各业创业创新经验，动员全省上下进一步解放思想、深化改革，把创业创新工作推向更高水平，促进山东经济转型升级。

11月11日　全省深入推进生态文明乡村建设现场会在荣成召开。

11月22日　德州融入首都经济圈合作恳谈会暨北京德州商会揭牌仪式在北京举行。会议期间，德州市人民政府分别与中关村管委会、北京市经信委合作办、中国节能集团公司等19家单位签订战略合作协议；签订投资合同64个，涉及投资总额1100亿元；签订人才支撑计划合作项目24个，引进人才45人。

11月24日—28日　中共中央总书记、国家主席、中央军委主席习近平在山东考察。他先后到青岛、临沂、济宁、菏泽、济南等地，深入革命老区、企业、科研院所、文化机构等，考察了经济社会发展和党的十八届三中全会精神学习贯彻情况。习近平指出，沂蒙精神与延安精神、井冈山精神、西柏坡精神一样，是党和国家的宝贵精神财富，要不断结合新的时代条件发扬光大。要深入实施以质取胜和市场多元化战略，支持有条件的企业全球布局产业链，加快形成出口竞争新优势，提高抵御风险能力。必须加强全社会的思想道德建设，激发人们形成善良的道德意愿、道德情感。抓扶贫开发，要紧紧扭住增加农民收入这个中心任务，健全农村基本公共服务体系这个基本保障、提高农村义务教育水平这个治本之策。调研期间，习近平听取了山东省委和省政府工作汇报，对山东近年来的工作给予肯定，希望山东认真学习贯彻党的十八届三中全会精神，锐意改革，敢创新路，坚决打好转方式调结构攻坚战，切实做好保障和改善民生、创新社会管理这篇大文章，努力在推动科学发展、全面建成小康社会历史进程中走在前列。

11月　山东省编委印发《关于深化经济发达镇行政管理体制改革试点工作的意见》，确定在继续推进广饶县大王镇等8个镇试点的基础上，综合考虑经济总量、人口和地域面积、产业特色、发展潜力等因素，在全省再选择12个经济发达镇列入改革试点范围，进一步扩大试点、深化改革。

12月1日　省委发出《关于印发习近平总书记视察山东时的重要讲话的通知》。5日至6日，省委十届七次全体会议在济南召开，会议传达学习习近平总书记视察山东时的重要讲话，对全省学习贯彻讲话精神作出部署。

12月7日　省会城市群经济圈第一次党政联席会议在济南召开。会议审议通过《省会城市群经济圈联席会议制度》和《推进省会城市群经济圈建设重点工作》。省发展改革委与济南市人民政府签订《关于加快建设省会城市群经济圈战略合作框架协议》。

12月11日 位于寿光市稻田镇张营前村的华天新能源1兆瓦光伏发电项目投入使用，成为山东省首个入网的大棚光伏项目。

12月14日 第三届全国教育改革创新奖颁奖典礼在北京举行，潍坊市"四位一体"素质教育推进机制获得最高奖项——教育改革创新特别奖。

12月18日 生态山东建设工作领导小组会议在济南召开，对全省大气污染防治工作进行研究部署。会上，省政府与各市政府、省直有关部门签订《大气污染防治目标责任书》。

12月19日—20日 全省经济工作会议在济南召开。会议传达学习中央经济工作会议精神和中央城镇化工作会议精神，总结全省2013年经济工作，研究部署2014年经济发展任务。

本年 山东省在全国率先实现历史性的粮食总产"十一连增"，山东以全国1.08%水资源，灌溉5.48%耕地，生产7.7%粮食，总产达到905.64亿斤。面对严峻复杂的国内外经济形势，作为全国第三产粮大省，山东粮食丰收为确保国家粮食安全和经济社会平稳健康发展提供了有力支撑。

二〇一四年

1月7日 全省食品药品安全工作会议在济南召开。会议指出，食品安全是群众最关心、最直接、最现实的利益问题，要以开展党的群众路线教育实践活动为契机和动力，建立最严格的覆盖全过程的监管制度，坚持标本兼治，着力解决群众反映强烈的突出问题。

1月8日 全省农村工作会议在济南召开。会议要求持之以恒强农业惠农村富农民，努力开创"三农"工作新局面。

1月14日 全省宣传文化工作会议在济南召开。会议学习贯彻全国宣传部长会议精神，安排部署2014年宣传思想文化工作。

1月17日—22日 省十二届人大三次会议在济南举行。会议通过的政府工作报告提出，深入实施"两区一圈一带"发展战略，发挥东部地区龙头带动作用，加快发展蓝色经济、高效生态经济，推动各种资源更多地向中西部地区倾斜，构建经济紧密型和一体化发展的省会城市群经济圈，加快建设西部经济隆起带，增强区域发展活力和动力。会议还通过了山东省2013年国民经济和社会发展计划执行情况与2014年国民经济和社会发展计划的决议等。

1月25日 省政府出台《山东省人民政府关于加快现代流通业发展的意见》。

1月28日 中共中央总书记、国家主席、中央军委主席习近平给烟台市福山区福新街道垆上居委会大学生村官张广秀复信，对张广秀康复良好、重返工作岗位感到欣慰和高兴，希望大学生村官热爱基层、扎根基层，增长见识、增长才干，促进农村发展，让农民受益，让青春无悔。

2月10日　全省培育和践行社会主义核心价值观、深入推进四德工程建设现场电视电话会议在曲阜召开。会议强调积极创新、大胆实践，切实将"四德工程"引向深入。

2月11日　省委政法工作会议在济南召开，要求深入学习贯彻习近平总书记在中央政法工作会议上的重要讲话精神，明确任务，突出重点，努力开创全省政法工作新局面。

2月17日　山东半岛蓝色经济区第一次党政联席会议在青岛召开。会议审议通过《山东半岛蓝色经济区联席会议制度》和《推进山东半岛蓝色经济区建设重点工作》。

2月19日　黄河三角洲高效生态经济区第一次党政联席会议在东营召开。会议审议通过《黄河三角洲高效生态经济区联席会议制度》和《推进黄河三角洲高效生态经济区建设重点工作》。

2月25日　全省城镇化工作会议在济南召开。会议强调，各级各部门要充分认识推进城镇化的重大意义，抓住机遇，科学谋划，扎实推进，加强领导，努力开创山东省城镇化工作新局面。

3月5日—13日　十二届全国人大二次会议在北京举行。会议期间，中共中央政治局常委、国务院总理李克强，中共中央政治局委员、全国人大常委会副委员长李建国等参加山东代表团审议。李克强强调，要以改革创新促进经济行稳致远，在提质增效升级中持续改善民生。

3月19日　全省政府职能转变机构改革暨事业单位改革工作电视会议在济南召开，会上传达了《山东省人民政府职能转变和机构改革方案》，要求各级各部门要把政府职能转变放在更加突出的位置，进一步厘清政府与市场、政府与社会的关系。这次机构改革于2014

年年底基本结束。改革后，省政府设置工作部门40个，其中省政府办公厅和组成部门25个，直属特设机构1个，直属机构14个；部门管理机构6个。17个市撤并整合市政府工作部门35个，县级325个。

3月23日—25日 中共中央政治局常委、中央纪委书记王岐山在党的群众路线教育实践活动联系点蒙阴县调研。其间，瞻仰了孟良崮战役纪念馆，并深入服务单位和农村，同干部群众进行交流，听取意见建议，实地指导蒙阴县教育实践活动。5月13日至14日，王岐山到蒙阴县指导蒙阴县委常委班子党的群众路线教育实践活动专题民主生活会，并到临沂就经济社会发展和基层党风廉政建设情况进行了考察调研。

4月1日 中共中央宣传部授予山东省沂源县西里镇张家泉村原党支部书记朱彦夫"时代楷模"称号，并会同中央党的群众路线教育实践活动领导小组办公室、民政部和总政治部向全社会发布宣传朱彦夫的先进事迹。省委作出决定，在全省广大党员干部中广泛开展向"时代楷模"朱彦夫学习的活动。

4月3日 《中共山东省委、山东省人民政府关于改进完善17市科学发展综合考核工作的意见（试行)》出台。《意见》调低地区生产总值考核权重，加大资源消耗、环境保护、生态效益、科技创新、政府债务等方面指标权重，增加城镇化质量系数、市场主体数量及增长率、粮食产量、义务教育均衡发展、城乡居民医疗保险住院费用报销比例等指标，构建了一个全新的科学发展综合考核体系。

4月9日 省委出台《关于培育和践行社会主义核心价值观的实施意见》。《意见》强调，要把培育和践行社会主义核心价值观贯穿于经济发展实践和社会治理中。确定经济发展目标和发展规划，出台经济社会政策和重大改革措施，开展各项生产经营活动，要遵循社会主义核心价值观要求，做到讲社会责任、讲社会效益、讲守法经营、讲公平竞争、讲诚信守约。

4月11日 由中宣部、山东省委联合举办的推广善行义举榜现场会在曲阜召开。山东以善行义举"四德榜"为抓手，将积极培育和践行社会主义核心价值观的经验由此向全国推广。中共中央政治局常委刘云山，中共中央政治局委员、中宣部部长刘奇葆对山东广树善行义举四德榜的做法作出批示给予肯定。

4月14日 山东首次兑现环境空气质量生态补偿资金。根据《山东省环境空气质量生态补偿暂行办法》和省环保厅发布的各设区市城市环境空气质量自动监测数据，一季度，17个市考核得分均为正值、均获省级奖补，奖补资金总计7029万元。

4月25日 2014青岛世界园艺博览会开幕。世园会选址在李沧区百果山森林公园，园区总面积241公顷，包括园艺文化中心等室内展馆和110个室外展园。世园会会期为4月25日至10月25日，共184天，主题为"让生活走进自然"。

4月28日 国家发展改革委正式批复《环渤海地区山东省城际轨道交通网规划（调整）》。根据《规划》，全省城际轨道交通网涵盖17个市，总里程达3753公里。其中，利用京沪高铁、青荣城际、石济客专等既有和在建快速铁路1368公里，新建2385公里。规划期内形成全省"三纵三横"的快速铁路网。

4月30日 省政府印发《"食安山东"品牌引领行动方案》，以开展"食安山东"品牌引领行动为载体，打造"食安山东"整体品牌，引导公众消费，引领产业发展，切实保障公众"舌尖上的安全"。

5月18日 中国·德州第四届资本交易大会暨融入首都经济圈投资洽谈会在德州举行。大会以"打造资本新优势、承接产业大转移、促进企业转调创、融入首都经济圈"为主题，来自境内外600多家投资、中介机构高管人员，央企、工商联执委企业负责人，省内各市金融办负责人等共 1600 余人参加大会。会议期间，安排合作签约、双向对接、专场推介等多项活动。40 个重点项目在开幕式上签约，涉及金额 455 亿元；282 个项目会下签约，涉及金额 595.77 亿元；现场达成合作意向项目 265 个，涉及金额 231 亿元。

5 月 26 日　省政府印发《关于加快发展养老服务业的意见》。

5 月 29 日　2014 山东（济南）台湾名品博览会在济南国际会议展览中心开幕。本次博览会以"创新、安心与欢心"为理念，设计 5 大形象馆以及 11 大产业区，带来两万多项产品参展，汇聚台湾创意含量最高的精品以及最精华的产业成果并与山东进行深度的交流。

5 月 30 日　山东单独两孩政策正式实施，"夫妻双方或一方为独生子女的"，可以生育第二个子女。

6 月 4 日　省委、省政府召开全省供销合作社综合改革试点启动电视会议，标志着山东供销合作社综合改革试点工作的全面启动，也标志着全国供销合作社综合改革试点工作正式进入推进实施阶段。经省委、省政府同意，省委农村工作领导小组加挂山东供销合作社综合改革试点领导小组的牌子，办公室设在省供销合作社。

6 月 7 日　黄河三角洲高效生态经济区金融创新与发展峰会在济南举行。峰会以"推动黄三角区域金融市场创新，营造金融产业生态环境，促进区域经济协调可持续发展"为主题，国内外多家资本管理机构参会。

6 月 8 日　省政府印发《山东省县域经济科学发展试点方案》。根据方案，本次试点确定城乡统筹、转型升级、生态文明、园区经济、镇域经济、民营经济等 6 项任务。由 21 个试点县分别从 6 项试点任务中突出一项作为核心任务，先行先试，创新发展。

6 月 17 日　山东省出台《做好外贸稳定增长工作的实施意见》。

6 月 28 日　省委、省政府印发《法治山东建设纲要》。《纲要》

在体例上将法治山东建设细化为 11 个方面，提出 41 项主要任务，目标是在 2020 年之前，基本实现全省经济建设、政治建设、文化建设、社会建设、生态文明建设的法治化。

7 月 3 日　全国农村基层党组织助残扶贫工作经验交流暨农村残疾人扶贫开发工作会议在泰安召开。

7 月 4 日—5 日　省委、省政府召开全省民营经济工作会议，要求进一步提高认识，理清思路，加强领导，以更大决心、更有力措施推动山东民营经济快速健康发展。

7 月 16 日　人力资源和社会保障部宣布"全民参保登记计划"正式启动实施。山东东营和潍坊两市入选试点城市。通过全民参保登记，形成每个人唯一的社保标识，从而实现管理模式由以单位为依托向以社区为依托、以个人为对象的转变。

7 月 18 日　西部经济隆起带第一次市长磋商会议在济宁市召开。会议审议通过《西部经济隆起带推进旅游一体化建设工作方案》《推进西部经济隆起带行政边界地区环境执法联动工作方案》《西部经济隆起带交通基础设施建设情况和建议》。

7 月 21 日　山东省党政代表团在新疆喀什召开发布会，发布山东省委、省政府落实第二次中央新疆工作座谈会精神、进一步做好援疆工作的 25 条政策措施。其中，山东省将在援疆资金中设立 7000 万元产业发展扶持资金，主要用于受援喀什 4 县创办劳动密集型企业和发展文化产业的补贴。

7 月 24 日—25 日　中共中央政治局常委、国务院总理李克强在济南、德州考察。李克强强调，要继续简政放权、放管结合，进一步激发市场活力；统筹城乡发展，协调推进新型城镇化和农业现代化。

7 月 29 日　省会城市群经济圈第一届市长磋商会议在济南召开。会议审议通过《省会城市群经济圈共同推动工作重点》《关于成立省会城市群经济圈交通运输专业委员会的意见》和《省会城市群经济圈交通运输专业委员会工作规则》，确定开通省会城市群经济圈官网。

7月29日 省政府办公厅印发《关于创建出口农产品质量安全示范省的实施意见》，确定创建出口农产品质量安全示范省，在现有示范区、示范市建设基础上，把出口农产品质量安全推向一个更高水平，为全国提供可复制、可推广的经验。

8月5日 全省文化体制改革工作会议在济南召开。会议传达学习了全国文化体制改革工作会议精神，研究部署了加快推进全省文化改革发展工作。

8月6日 全球第一条粉煤灰制节能环保瓷砖生产线在淄博市淄川区实现量产。该技术可使粉煤灰综合利用率达90%以上，比传统生产工艺节水80%以上，节约燃料20%以上，生产的新型建材各项指标均优于传统建筑陶瓷砖。

8月7日 省政府办公厅印发《山东省农民工职业技能提升3年行动计划》《山东省农民工权益保障3年行动计划》和《山东省农民工公共服务3年行动计划》。

8月8日 省政府在济南召开全省深化财政改革优化支出结构和金融工作会议。会议深入贯彻落实党的十八届三中全会关于财政和金融改革的重大部署，分析了全省财政金融形势，安排部署了财政金融改革任务。

8月11日 全长256公里的德大铁路全线铺通。德大铁路2010年5月动工，是国家和山东省规划建设的Ⅰ级单线电气化铁路，是全省"四纵四横"铁路网中"四横"之一德龙烟铁路的德州至大家洼段，与龙（口）烟（台）铁路共同组成德龙烟铁路。

8月20日 全省实施农民工职业技能提升、权益保障、公共服务三项行动计划电视会议在济南召开。

8月28日—31日　第五届山东文化创意产业博览交易会在济南举行。展会期间，全省对外推介文化产业项目1020个，投资总额6236.23亿元，融资总额1885.72亿元；现场签约52个重点文化产业项目，投资额1143.24亿元；文化产品现场交易额近35亿元；现场参观人数140万人次。

8月29日　2014首届山东物联网大会在济南召开。大会围绕"物联国计民生，助力转型升级"主题，探讨物联网技术创新和产业发展。

9月1日　由国务院台办、山东省人民政府主办，省台办、潍坊市人民政府承办的第二十届鲁台经贸洽谈暨两岸产业合作齐鲁峰会在潍坊市举行。本届鲁台会以"两岸一家亲、鲁台共发展"为主题，围绕经贸合作，举办两岸产业合作齐鲁峰会、海峡两岸投资贸易洽谈会、两岸非物质文化遗产展，台湾6个县（市）、10多个行业协会、500多名参会商及台湾知名艺术家共800余人参加活动。

9月12日—15日　中共中央政治局常委、全国政协主席俞正声在济南、滨州就民族宗教工作进行调研。他强调，要深入学习贯彻习近平总书记系列重要讲话精神和第二次中央新疆工作座谈会精神，用心用情做好新疆西藏内地学生的教育培养工作，切实把中央的对口援疆援藏部署落到实处，为增进民族感情、加强民族团结，促进各民族交往交流交融积极贡献力量。

9月13日　2014年山东省产学研展洽会在淄博市开幕。本次展洽会以加快推进高端制造业发展为主题，着力推进科技成果转化，吸引350家企业、85所高校科研单位参展参会。

9月13日　第十三届精神文明建设"五个一工程"评选结果揭晓。山东连续7届获得"组织工作奖"，在全部6个评奖门类中均有作品入选"优秀作品奖"，分别是：电影《世界屋脊的歌声》、电视剧

《父母爱情》、舞剧《红高粱》、广播剧《中国船长》、歌曲《北京时间》、图书《国家记忆——一本〈共产党宣言〉的中国传奇》。

9月15日 省发展改革委、省区域办在济南组织举办省会城市群经济圈与西部隆起带两个重点区域招商推介会，重点介绍山东省经济社会发展情况和区域发展战略，"一圈一带"发展定位、空间布局、产业优势及扶持政策。本次参会客商主要是全国工商联执委企业、全国知名民营企业和全国工商联行业协会的代表，共约170人。

9月16日 济南在全国率先成立农民工工作委员会，作为济南市委派出机构，专门负责农民工领域党建和农民工服务工作。

9月17日 全国农业科技创新创业大赛结束，山东获奖数量全国居首。

9月19日 由国家林业局、省政府共同主办的第十一届中国林产品交易会在菏泽开幕。本届林交会为期4天，展出面积达2万平方米，共设800个国际标准展位，围绕"发展安全林产品，创造美好新生活"这一主题，突出生态林业、民生林业两大板块，内容涉及木工艺品、家具制品、园林花木、木制建材、森林食品等领域。

9月21日 2014中国（昌邑）北方绿化苗木博览会在昌邑开幕。本届绿博会由国家林业局、国家外国专家局、省政府主办，以"传播绿色文化，建设美丽中国"为主题，10月7日结束。绿博会设会展中心和花木城两大展区，展位823个，主要展出园林绿化苗木、园林景观等，参展的省外企业达415家。

9月21日—22日 全省生态文明乡村建设现场会在临沂举行，研究部署《山东省农村新型社区和新农村发展规划（2014—2030)》。

9月22日 第五届山东省城市园林绿化博览会园博园在东营市开园，主题是"黄蓝交响，共享园博"。园博园总占地面积98公顷，主题展园为33个永久性落地展园，包括17个市级展园、5个东营县

（区）展园、10个企业展园和1个设计师展园。

9月25日 2014中国城市森林建设座谈会在淄博召开，会议主题为"城市森林·民生福祉·美好家园"。

10月9日 省政府办公厅印发《山东省2014—2015年节能减排低碳发展实施方案》。

10月10日—13日 第三届中国非物质文化遗产博览会在济南举行。本届博览会的主题是"非遗：我们的生活方式"。博览会汇聚全国31个省（自治区、直辖市）和港澳台以及国外的700余个优秀非遗项目，并首次引入"国家级和省级文化生态保护区成果展"，15个国家级文化生态保护区全部参展，部分省级文化生态保护区集体展出，吸引80余万人参观。展会期间，10个有代表性的非遗项目与企业现场签约金额达2.3亿元，参展项目交易、签约额总计达409亿元。

10月26日—27日 2014中国（山东）网络商品博览会暨山东中小企业网络商品订货洽谈会在济南举行。展会旨在将中小型生产企业、网络销售企业、第三方电子商务服务企业通过展会形式紧密结合起来，有效拓展全省中小型生产企业电商销售渠道。来自省内的17个市137个县（市、区）及部分特色产业集群、特色产业乡镇优选当地名优产品参展。展品涵盖了食品饮品、家居家电、汽车用品、服装鞋帽、工艺礼品、美容保健等领域。

10月30日 投资1.8亿元的蓬莱长岛跨海引水工程竣工。长岛县首次通上跨海自来水，南、北长山岛近2.8万人解决了饮用淡水难题。

10月31日 环境保护部印发《关于重点流域水污染防治专项规划2013年度实施情况考核结果的通报》，代表山东参加考核的枣庄、德州两市综合得分均为99分，分别获得淮河、海河流域第一名，并列全国九大流域25个省（自治区、直辖市）第一位。至此，山东已分别连续 7 次和 5 次获得国家淮河、海河流域治污考核第一名。

10 月 31 日 山东首次将财政转移支付同农业转移人口市民化挂钩。吸纳农业转移人口多，转移支付就多。8 类基本支出需求由原来按户籍人口测算改为按常住人口测算。

10 月 31 日 省政府办公厅印发《山东省深化价格改革实施方案》，启动新一轮价格改革。首批放开 27 项政府定价项目、下放 15 项政府定价项目管理权限。

10 月 省委、省政府印发《关于深化财税体制改革的意见》，确定 24 条财税体制改革新举措，明确了山东财税体制改革的时间表和路线图。此后又陆续出台了专项资金管理、预算管理等 42 个配套制度办法，形成"1+42"的财税改革制度体系。

11 月 4 日 锡盟至山东 1000 千伏特高压交流工程在济阳开工。这是山东省首个 1000 千伏特高压电网工程，建成后向山东送电能力 400 万千瓦，年输送电量 220 亿千瓦时。

11 月 6 日—7 日 首届中国（潍坊）农产品电子商务大会在潍坊举行，大会以"互联网改造农业，全渠道升级电商"为主题，吸引来自全国 24 个省（自治区、直辖市）和香港特别行政区的 500 多家电子商务企业、潍坊市及周边城市 500 多名农产品企业负责人参加。

11 月 8 日 环境保护部组织生态环境、地理科学、旅游等领域的知名专家，对中科院地理科学与资源研究所和蒙山旅游区管委会院地合作的《生态名山评价标准体系》和《生态蒙山研究》研究项目进行评审，并确定蒙山为我国首座生态名山。

11 月 11 日—12 日 省委十届十次全体会议举行。会议审议通过《中共山东省委关于贯彻落实党的十八届四中全会精神全面推进依法治省的意见》。

11 月 19 日 省政府印发《关于运用政府引导基金促进股权投资

加快发展的意见》。

12月12日　全省治理"餐桌污染"工作会议在济南召开。会议决定从2015年到2017年底，初步建成覆盖全省17个市的肉菜流通追溯体系，形成以省、市两级平台为主体，全省互联互通、协调运作的追溯管理网络。追溯品类由肉菜逐步扩大到中药材、酒类、水果、粮油制品。

12月22日　山东省与全国工商联在济南召开全国知名民营企业入鲁助推转调创洽谈会。山东省与全国知名民营企业现场签订50个合作项目，项目涉及现代服务业、高端制造业、战略性新兴产业和现代农业等众多领域和行业。

12月24日—25日　全省经济工作会议在济南召开。会议深入学习贯彻中央经济工作会议精神，总结2014年经济工作，部署2015年经济工作。

12月28日　青荣城际铁路即墨—荣成段开通运行，青岛、烟台、威海三市以城铁相连的"青荣城"时代由此开启。

本年　山东率先建立城乡一体的居民大病保险制度，最高补偿限额为20万元。

二〇一五年

1月5日 福田汽车山东新能源基地在济南揭牌。基地项目拟投资 15 亿元，产能 10000 辆 / 年，主要生产新能源公交、新能源团体车和校车等。

1月7日 青岛市、威海市、德州市、郓城县被列入国家新型城镇化综合试点地区。

1月8日 省政府举行弘扬优秀传统文化座谈会，学习贯彻习近平总书记系列重要讲话和视察山东重要讲话、重要批示精神，研究用好齐鲁文化资源丰富优势、建设社会主义核心价值体系的思路措施。14 日，省文化厅正式印发《传承弘扬优秀传统文化十大行动》。

1月9日 山东在国家科技奖励大会上获评国家科技奖在数量、质量和结构上均取得突破，共有 28 个项目获奖，包括自然科学奖 3 项、技术发明奖 5 项、科技进步奖 20 项。2014 年度国家科学技术奖励共授奖 318 项成果、8 位科技专家和 1 个外国组织，山东省获奖数量居前。其中，获评国家科技进步一等奖 2 项；获评国家自然科学二等奖 1 项。

1月9日 国家发展改革委下达《关于印发济南市城市轨道交通近期建设规划（2015—2019 年）的通知》。

1月14日 省委召开常委扩大会议，学习贯彻习近平总书记在十八届中央纪委第五次全体会议上的重要讲话精神。16 日，省委召开常委会议，传达学习十八届中央纪委第五次全体会议精神，研究贯彻落实意见。23 日，省纪委十届六次全体会议在济南召开，强调把守纪律讲规矩摆在更加重要位置，深入推进党风廉政建设和反腐败斗争。

1 月 19 日 全省所有涉农县（市、区）、乡镇（街道）均开展了土地确权登记颁证工作，76.5% 的村（社区）已完成确权登记颁证工作，涉及农民承包土地 7586.2 万亩，占全省农村集体耕地面积的 67.7%。

1 月 22 日 全省科学技术奖励大会在济南召开。王军成获得 2014 年度省科学技术最高奖。

1 月 22 日 全省首批 9 个"齐鲁美丽海岸"名单正式对外公布。首批 9 个"齐鲁美丽海岸"为：青岛市南中心海岸、黄岛唐岛湾新海岸、东营黄河口新海岸、烟台市区黄金海岸、长岛九丈崖—月牙湾海岸、威海市区中心海岸、乳山银滩—大乳山美丽海岸、荣成桑沟湾海岸、日照阳光海岸。

1 月 27 日—2 月 1 日 省十二届人大四次会议在济南召开。省政府工作报告提出，2015 年，要坚持稳中求进的工作总基调，以提高经济发展质量和效益为中心，着力在深化改革扩大开放、转方式调结构、创新驱动发展、加强社会治理创新、弘扬优秀传统文化方面下功夫，保持经济持续健康发展和社会和谐稳定，努力在全面建成小康社会进程中走在前列。会议还审议通过《山东省人民代表大会常务委员会工作报告》等。

2 月 4 日 烟台市产业导航服务平台正式启动，这是国内首家正式投入运行的产业导航服务平台。

2 月 15 日 省政府印发《关于机关事业单位工作人员养老保险制度改革的实施意见》。25 日，山东机关事业单位养老保险改革启动，凡国家和省规定的工资和津贴补贴，均纳入缴费工资基数，离休人员不纳入改革范围。

2月28日 省政府下发通知，调整全省最低工资标准，并发布2015年企业工资指导线。最高档调整为1600元，企业职工工资增长基准线确定为10%、上线为18%。

3月2日 山东不动产"第一证"在青岛颁出。作为全国15个统一登记窗口建设联系点之一，青岛年内全面推行不动产统一登记。

3月5日—15日 十二届全国人大三次会议在北京召开。会议期间，中共中央政治局常委、国务院总理李克强，中共中央政治局委员、全国人大常委会副委员长李建国参加山东代表团审议。李克强强调，打造升级发展"双引擎"，促进经济保持中高速增长，向中高端水平迈进。

3月10日 山东省金融资产管理股份有限公司在济南成立，这是省政府批准设立的省内唯一从事不良资产收购处置业务的专业金融机构。

3月30日—31日 全省乡村文明行动城乡环卫一体化工作现场推进会在聊城召开。山东城乡环卫一体化基本实现全覆盖。

4月10日 兖煤澳洲超洁净煤技术试验成功。该技术处于世界领先水平，在澳大利亚、中国、日本、加拿大、德国等国家申请并获得专利认可。

4月13日 《山东省推进工业转型升级行动计划（2015—2020年)》公布，确定培植四大新兴产业，提升18个传统优势行业，淘汰六大领域落后产能。

4月30日 省委召开全省"三严三实"专题教育工作座谈会，正式启动全省县处级以上领导干部"三严三实"专题教育。会议深入学习贯彻中央有关精神，对"三严三实"专题教育作出部署安排，强调要扎实做好专题党课、专题学习研讨、专题民主生活会和组织生活会、整改落实和立规执纪 4 个关键动作。

4 月 30 日—5 月 3 日 第二届"中国青岛·东北亚版权创意精品展示交易会暨正版优秀图书展"在青岛举行。实现版权项目交易 20 余项，交易额超过 20 亿元，实现版权项目融资 15 亿元。

5 月 18 日 省政府办公厅印发《关于贯彻国办发〔2014〕71 号文件引导农村产权流转交易市场健康发展的实施意见》。《意见》提出，农村集体资产必须进入市场公开交易，打造产权交易"一站式"综合服务平台，农户家庭免收交易服务费。

5 月 20 日 2015 山东创业创富项目博览会暨中小企业展洽会在济南开幕。国内 436 家中小企业携带两千多个创业项目参展，涉及食品、餐饮、服装服饰、教育培训等 20 多个行业。

5 月 23 日—25 日 国际教育信息化大会在青岛举行。这是我国政府和联合国教科文组织合作首次召开教育信息化大会。国家主席习近平发来贺信。会议围绕"信息技术与未来教育变革"这一主题，对多项议题进行了深入交流和探讨。大会通过《青岛宣言》。

5 月 25 日 山东省—南澳州合作发展论坛在济南举行。开幕式上，山东省与南澳州 16 对合作单位签署合作协议或备忘录，涉及经贸、教育、农业、资源开发、环境保护等多个领域。

5 月 26 日 山东省与香港贸易发展局第三次经贸合作联席会议在济南召开，双方确定九大领域的 24 个具体合作事项。

5 月 27 日 中共中央总书记、国家主席、中央军委主席习近平在浙江召开华东七省市党委主要负责人座谈会，听取对"十三五"时期经济社会发展的意见和建议。他强调，"十三五"时期是我国经济社会发展非常重要的时期，各级党委和政府要明大势、看大局，深刻把握国际国内发展基本走势，把我们所处的国内外发展环境和条件分析透，把我们前进的方向和目标理清楚，把我们面临的机遇和挑战搞明白，坚持立足优势、趋利避害、积极作为，系统谋划好"十三五"时期经济社会发展。

5月27日 省政府印发《创新重点领域投融资机制鼓励社会投资的实施意见》，在生态环保、市政基础设施等九大领域向社会资本进一步敞开大门，创新重点领域投融资机制，引导社会资本建设、运营和管理。

5月 山东能源集团、山东机场公司、山东盐业集团约33亿元国有资本划转省社保基金，宣告山东国资充实社保的大幕正式拉开。6月3日，山东省社会保障基金理事会在济南正式挂牌，这是全国第一家省级社保资金投资运营机构。

6月2日 省城镇化工作领导小组召开第三次全体会议，听取有关工作情况汇报，讨论《关于进一步深化和创新城乡规划工作的意见(讨论稿)》，安排下步工作，加大改革创新力度，在提高城镇化质量水平上实现新突破。

6月5日 山东—韩国经贸合作论坛在济南召开。本次论坛是中韩自贸协定正式签署后在中国最早举行的大型FTA论坛。

6月15日 中国—乌兹别克斯坦经贸合作论坛在日照市举行。此次论坛由上海合作组织睦邻友好合作委员会和日照市人民政府联合举办，中乌两国有关部委、地方政府、实业界代表约400人出席。

6月24日 2015年中国"文化遗产日"山东主场系列活动在济南举行。国家乡土文化遗产保护研究重点科研基地、明清官式建筑保护研究重点科研曲阜基地和山东省水下考古研究中心、文物保护修复中心正式揭牌，齐长城文物保护18项工程和山东省文物保护科研修复工场建设全面启动。

6月26日—29日 第六届威海国际食品博览会暨中韩（威海）品尚生活博览会、中韩商品博览会在威海国际展览中心举办。中国、法国、日本等国家和地区的 386 家企业参展，展出海洋食品、农副产品、休闲食品等上万种商品。

7 月 1 日 全省新型农村合作金融试点工作座谈会在滕州召开。会议总结了全省试点工作进展情况。2014 年底，国务院同意山东开展新型农村合作金融试点，全省首批 27 个试点县（市、区）的 37 家专业合作社的试点资格得到认定，中国农业银行山东省分行、山东省农信联社被确定为合作托管银行。

7 月 8 日 省委、省政府印发《关于改进和完善城乡规划工作的意见》。《意见》共 5 部分 19 条，明确了城乡规划基本原则和工作目标，围绕规划编制、实施、监管和体制机制等 4 个方面，提出有针对性的政策措施。

7 月 10 日 省委全面深化改革领导小组召开第十三次会议，讨论审议并原则通过《山东省全面推进依法治省重要举措实施规划(2015－2020)》《山东省国有文化资产管理理事会组建方案》《关于完善公积金管理体制扩大住房消费的指导意见》；听取了全省农村土地承包经营权确权登记颁证工作、全省供销社综合改革试点工作情况汇报。

7 月 30 日 省政府与阿里巴巴集团在济南签署战略合作协议，确定在跨境电子商务、农村电子商务、互联网金融、商贸物流、云计算和大数据等领域展开深入合作。

8 月 1 日 省委、省政府印发《关于深入实施创新驱动发展战略的意见》。《意见》共分 5 部分、23 条政策措施，是山东深入实施创新驱动发展战略，实现创新发展的指导性文件，为山东进一步激发全社会创新活力和创造潜能，促进大众创业、万众创新提供了政策保障。

8 月 18 日 国内首个针对光伏农业的大规模专项基金——百亿光伏农业产业基金成立。该基金由青岛昌盛日电太阳能科技有限公司联合青岛城投集团、国家开发银行和光大银行共同出资设立，基金总规模为 100 亿元。

8 月 22 日 省政府办公厅转发省科技厅《关于加快推进大众创新创业的实施意见》。

8 月 23 日—29 日 第二十二届国际历史科学大会在济南举行。国家主席习近平发来贺信，国务院副总理刘延东在开幕式上宣读贺信并致辞。本届大会举行 175 场专场会议，6 场卫星会议和 2 场平行会议，颁发"国际历史学会—积家历史学奖"，来自全世界 90 个国家和地区的 2000 余名史学专家参加大会。

8 月 24 日—27 日 省政府代表团对韩国进行友好访问。26 日下午，山东—韩国经贸合作交流会暨重点合作项目签约仪式在首尔举行，23 个重点项目集中签约，涉及电子信息、装备制造、文化传媒、电子商务等领域，总投资 17 亿美元。

8 月 29 日 工信部、国家发展改革委联合印发《关于同意国家低碳园区试点实施方案的批复》，临沂经济技术开发区、日照经济技术开发区、青岛国家高新技术产业开发区等 39 个国家低碳工业园区试点实施方案通过论证，试点期为 3 年。

8 月 30 日 省政府与国家质检总局在济南签署共同推动"一带一路"战略全力塑造山东开放型经济发展新优势合作协议。根据协议内容，国家质检总局确定在检验检疫区域通关一体化、检验检疫基础设施建设、标准体系建设、质量强省建设、审批事权下放等 12 个方面，加大对山东经济社会发展的支持。

8 月 31 日—9 月 2 日 2015 香港山东周在香港举办。这次经贸活动的主题是"产融结合、转型升级"，重点推进鲁港在金融、股权投资、国企改革、基础设施建设等领域的合作。活动期间，山东省代表团举办鲁港经贸合作高层圆桌会议、省政府股权投资引导基金暨重大项目洽谈会、香港工商界人士交流会等系列经贸活动，与汇丰银行、华润集团、招商局集团、中国银行（香港）有限公司等分别举行战略合作会谈，参观港铁公司，广泛接触香港工商界人士，推动两地务实战略合作，签约一批重大合作项目。

9月1日 青岛市蓝色硅谷管委会、青岛市质监局共同与中船重工第725研究所、中国航天科技集团北京强度环境研究所、法国必维国际检验集团分别签订战略合作协议，共同建设国家海洋设备质检中心相关实验室。

9月5日 首届泰山论坛在泰安举行。本届论坛以"绿色生活幸福中国"为主旨，以"能源消费革命与微能源网建设"为主题，来自生态环保能源领域的政府部门、行业协会及媒体、企业代表近300人参会。论坛期间，进行全国微能源网产业联盟揭牌仪式，并发布"泰山宣言"。

9月6日—9日 第十五届中国（淄博）国际陶瓷博览会在淄博国际会展中心举行。本届陶博会期间，来自国内外的3926家参展商，约12.9万名采购商、经销商与会，实现交易额82.3亿元，参观人数达46万人次。

9月12日—21日 2015世界休闲体育大会在青岛举办。本届休闲体育大会分为休闲体育大会、休闲产品博览会、休闲高峰论坛、休闲文化艺术节四大板块。休闲体育大会板块设置17个比赛项目，来自90多个国家和地区的2.7万名运动员（975名国外运动员）参加比赛。休闲产品博览会吸引470余家国内外企业参展，逾15万人次观众参加，成交额2.9亿元人民币。

9月16日—20日 2015年意大利米兰世博会山东活动周在中国馆举办，在活动期间向世界展示山东悠久灿烂、博大精深的农业文明，以及在农业发展方面对世界作出的重要贡献，充分展示山东在新时期加快现代农业发展、强化农产食品安全监管和作为中国第一农业出口大省的良好形象，进一步扩大山东在海外的知名度和美誉度。

9月18日 中国新能源和生物产业引智试验区在德州揭牌。揭牌仪式上，来自12个国家的近百名专家与德州216家企事业单位达成151个合作意向并集中签约。

9月20日—24日 省十二届人大常委会第十六次会议表决通过《山东省非物质文化遗产条例》《山东省土地整治条例》和《山东省信访条例》等。

9月23日 省委、省政府印发《关于深化供销合作社综合改革的实施意见》，就进一步加快推进全省供销合作社综合改革提出了总体要求、目标任务和基本原则。

9月23日—25日 首届中日韩产业博览会在潍坊举办。本届博览会由中国国际商会、日本国际贸易促进协会、韩国贸易协会等中日韩国家级贸易促进机构联合主办，共有日韩等境外参展企业332家，占参展企业总数的57.3%；展位1066个，占总展位数的56.5%。有27家世界500强企业到会参展。

9月24日 省政府与中国农业发展银行在济南签署战略合作协议。根据协议，中国农业发展银行在未来三年内，给予山东3000亿元的授信额度，重点支持粮棉油全产业链等九类重点项目发展。

9月25日 2015山东物联网大会在济南召开。大会以"物联国计民生，助力创新创业"为主题，直面物联网的核心、热点、难点问题，剖析山东物联网产业的现状和机遇。来自全国各地的专家，政府主管部门、科研院所的代表等700余人参加大会。

9月25日—10月1日 山东省文化交流团在台湾举办文化交流活动。活动期间，交流团举办"海峡两岸写实油画展""山东剪纸艺术交流展"开幕式，与台湾各界进行广泛的文化交流，看望山东同乡，举办"山东乡亲中秋联谊会"，与山东乡亲和基层社区民众交流互动，并对台湾养老、旅游产业等进行参访考察。

9月28日 省委、省政府在济南召开全省深化国有企业改革工作会议，要求国有企业在"走在前列"和"争当排头兵"中发挥表率作用。

9月29日 山东省在北京举办山东专场PPP项目推介活动，共推介项目50个，总投资概算1000多亿元，涵盖市政工程、保障性住房、环境保护、交通运输等9个行业领域。

9月29日—10月5日 首届"中国（济南）花卉园艺博览会"在济南举办，国内外100余家知名花卉种苗企业参展，共接待游客15.6万人次，达成合作意向300余项，签订商品销售订单1.2亿元。

10月12日 全国首个政务服务领域的标准化工作组——全国政务大厅服务标准化工作组及其秘书处落户山东，同时发布的首批7项政务大厅服务国家标准中，6项由山东主导制定。

10月15日 首届世界互联网工业大会在青岛开幕。本次大会主题为"互联网时代工业变革之路"，来自美国、德国、日本等十几个国家和地区、国内30多个省（自治区、直辖市）的300余位代表参加会议。

10月19日—20日 全国食品安全城市和农产品质量安全县创建试点工作现场会在威海召开。会上，山东从强化政府主导、夯实治理基础、突出正面引领、狠抓系统整治、推动多元参与等方面介绍了"两个创建"工作经验。中共中央政治局委员、国务院副总理汪洋出席会议并讲话。其间，汪洋还在莱州市调研了海洋渔业发展情况。

10月22日—23日 中共中央政治局常委、国务院副总理张高丽在山东调研扶贫工作情况。山东省委、省政府主要负责人，国家发展改革委负责人陪同调研。

10月26日—29日 党的十八届五中全会在北京举行。全会审议通过《中共中央关于制定国民经济和社会发展第十三个五年规划的建议》。全会提出全面建成小康社会新的目标要求，强调实现"十三五"时期发展目标，破解发展难题，厚植发展优势，必须牢固树立并切实贯彻创新、协调、绿色、开放、共享的发展理念。11月24日至26日，省委十届十三次全体会议在济南召开。会议深入学习贯彻党的十八届五中全会精神，审议通过《中共山东省委关于制定山东省国民经济和社会发展第十三个五年规划的建议》。

10月30日　我国首个海洋国家实验室——青岛海洋科学与技术国家试点实验室正式启用。这是我国海洋领域唯一的国家实验室，囊括全国大部分涉海两院院士，拥有20多艘海洋科考船、12个海洋数据库、5个种质资源库和6个样品标本馆。山东省、青岛市共计投入13亿元开展基础设施建设，建筑面积15万平方米。

10月30日　2015中国·青岛海洋国际高峰论坛在青岛开幕。来自10多个国家和国际组织的专家、国家相关部委负责人等300余人参加论坛。青岛国际航运服务中心与全球IT行业巨头亚信集团签署青岛国际航运大数据项目战略合作协议，合作范围涵盖航运大数据、港口及航运业务管理、航运交易、物联网等多个领域，规划总投资达50亿元人民币。

10月30日　第30届山东畜牧业博览会在济南开幕。本届展会的主题是"新常态、新转变、新作为、新成效"，设有名优特畜产品品赏展销对接、优质蜂产品展示展销、猪牛羊等主要畜禽养殖技术大讲堂、山东省特色活畜展（良种肉羊、家禽等）等30多项配套活动。

11月5日—6日　第十届中国（青岛）—欧盟投资贸易科技合作洽谈会在青岛举行。会议以"'一带一路'连接中欧新未来"为主题，青岛上百家企业与欧洲10国60多家企业及机构，围绕新能源、新材料、信息和通信等产业开展"一对一"洽谈，初步达成20多项合作意向。

11 月 22 日　省会城市群大气污染联防联控工作会议在济南召开。会上，省会城市群 7 个市市长签订《省会城市群大气污染联防联控协议书》。

12 月 2 日—3 日　全国农产品加工科技创新推广活动暨农产品加工技术成果交易会在济南举行。来自全国各地 1100 多家农产品加工科研院所、高等院校和龙头企业参展。

12 月 7 日　省机构编制委员会印发《关于调整省扶贫开发工作机构的通知》，整合省扶贫办和省直有关部门扶贫职责，重新组建省扶贫领导小组办公室。领导小组办公室独立运行，工作人员集中办公。配备主任 1 名（正厅级）、副主任 3 名（副厅级）。整合省扶贫办、省扶贫发展中心现有编制和人员，新增部分行政、事业编制，省扶贫开发领导小组办公室定行政编制 30 名、事业编制 20 名，新增的行政、事业编制，暂分别计入省农业厅机关和省扶贫发展中心，仅限于脱贫攻坚期间使用，实行动态管理。

12 月 7 日　省委、省政府印发《关于调整山东省扶贫开发领导小组组成人员的通知》，省委书记、省长任省扶贫开发领导小组组长，省委副书记、省政府副省长任副组长，成员单位共 48 个。

12 月 8 日　省政府发布《山东省京杭运河航运污染防治办法》，2016 年 3 月 1 日施行。

12 月 15 日—16 日　全省扶贫开发工作会议在济南召开。会议强调，要认真贯彻落实中央扶贫开发工作会议精神，进一步增强责任感、使命感，坚持精准扶贫精准脱贫基本方略，坚决打赢脱贫攻坚战，确保提前完成脱贫攻坚任务。17 日，省委、省政府印发《关于贯彻落实中央扶贫开发工作部署坚决打赢脱贫攻坚战的意见》。《意见》提出，对建档立卡的 300 万左右农村贫困人口集中开展扶贫工作，通过发展生产实现 150 万人左右脱贫，通过转移就业实现 60 万人左右脱贫，通过易地搬迁实现 6 万人左右脱贫，通过生态补偿实现 4 万人左右脱贫，其他农村贫困人口通过社会保障兜底脱贫。

12 月 18 日 省委组织部、省机构编制委员会办公室联合印发《关于各市扶贫开发工作机构有关事项的通知》，要求各市要及时调整扶贫开发领导小组，由市委、市政府主要负责同志担任组长，列为市委议事协调机构。整合市直有关部门（单位）扶贫职责，组建市扶贫开发领导小组办公室。领导小组办公室独立运行，工作人员集中办公。

12 月 27 日—28 日 全省经济工作会议在济南召开。会议围绕结构性改革提出了 2016 年山东的发展任务，提出要增强结构性改革新动能、改善结构性改革的支撑条件、排除影响结构性改革的体制机制障碍、拓展结构性改革的空间，保障结构性改革顺利推进。

12 月 29 日 省委全面深化改革领导小组召开第十八次会议，传达学习中央全面深化改革领导小组第十九次会议精神，讨论审议并通过《中共山东省委贯彻〈中国共产党巡视工作条例〉实施办法》《省属本科院校纪委书记提名考察办法（试行）》《山东省领导干部干预司法活动及司法机关内部人员过问案件的记录、通报和责任追究实施办法（试行）》《关于改进审计查出突出问题整改情况向省人大常委会报告机制有关意见》《山东省〈乡村教师支持计划（2015—2020 年）〉实施办法》，决定进一步修改完善后印发实施。

12 月 29 日 省文化体制改革和发展工作领导小组会议审议通过《关于推动国有文化企业把社会效益放在首位、实现社会效益和经济效益相统一的实施意见》《山东省"互联网＋文化产业"行动方案》等。

本年 全省共减贫 153.2 万人，其中国标 104.6 万人，省标 48.6 万人。截至年底，全省还有建档立卡贫困户 240.8 万人，其中国标 107.9 万人，省标 132.9 万人。

本年 山东粮食产量实现"十三连增"，总产量达 942.5 亿斤。

二〇一六年

1月12日 省委召开常委会议,学习贯彻习近平总书记在十八届中央纪委第六次全体会议上的重要讲话精神。

1月14日 全省农村工作会议在济南召开。会议深入贯彻落实中央农村工作会议精神和省委十届十三次全体会议精神,总结"十二五"全省农业农村工作,分析当前农村形势,安排部署2016年和"十三五"时期农业农村工作。

1月24日—29日 省十二届人大五次会议在济南召开。大会通过的政府工作报告总结"十二五"经济社会发展规划完成情况,明确"十三五"经济社会发展的主要目标和重点任务,并对2016年的工作作总体安排。大会表决通过《山东省国民经济和社会发展第十三个五年规划纲要》《2015年国民经济和社会发展计划执行情况与2016年计划》等。

1月28日 省委、省政府印发《关于贯彻中发〔2016〕1号文件精神 加快农业现代化实现全面小康目标的实施意见》。

2月19日 省扶贫开发领导小组第二次全体会议在济南召开,传达学习国务院副总理汪洋关于扶贫开发工作的讲话精神和省委书记听取省扶贫开发领导小组办公室工作汇报时的讲话要求,研究推进扶贫开发N个专项实施方案编制,进一步安排部署2016年度脱贫攻坚工作。

2月24日—25日 省委在省委党校召开专题会议,传达贯彻1

月 29 日中央政治局会议精神,强调各级领导干部要进一步增强政治意识、大局意识、核心意识、看齐意识,坚定自觉地同以习近平同志为核心的党中央保持高度一致,坚定自觉地向党中央看齐,向党的理论和路线方针政策看齐,向习近平总书记看齐,坚定自觉地维护党中央权威。

3月1日 省委全面深化改革领导小组在济南召开第二十次会议。会议由省委书记主持,传达学习中央全面深化改革领导小组第二十一次会议精神,讨论审议并原则通过《关于推动国有文化企业把社会效益放在首位、实现社会效益和经济效益相统一的实施意见》《中共山东省委全面深化改革领导小组 2015 年工作总结报告》《中共山东省委全面深化改革领导小组 2016 年工作要点》。

3月2日 省政府印发《山东省国民经济和社会发展第十三个五年规划纲要》。

3月6日 中共中央政治局常委、国务院总理李克强到他所在的十二届全国人大四次会议山东代表团,参加审议政府工作报告。他强调,加快新旧动能接续转换,促进中国经济稳增长,增效益,上水平。

3月16日 省委办公厅、省政府办公厅印发《关于省属国有企业发展混合所有制经济的意见》。

3月22日 省政府办公厅印发《关于加快培育国际自主品牌的实施意见》。

3月24日 省政府召开常务会议,研究贯彻落实全国"两会"精神和国务院政府工作报告、进一步加强大气污染防治等工作,讨论并原则通过《省级行政执法队伍清理规范实施方案》《山东省人民政府 2016 年立法工作计划(草案)》《山东省人民政府 2016—2020 年立法规划(草案)》。

3月25日　省扶贫开发领导小组启动全省"十二五"扶贫工作重点村退出情况专项督查。

3月30日　省十二届人大常委会第二十次会议审议通过《山东省地方金融条例》。这是我国地方金融监管方面出台的首部省级地方性法规。

4月5日　省委全面深化改革领导小组召开第二十一次会议，传达学习中央全面深化改革领导小组第二十二次会议精神，听取经济、司法、社会、纪检4个专项小组关于改革推进落实情况的汇报，听取省委改革办2016年重点工作安排的汇报，讨论审议并原则通过《关于加快推进生态文明建设的实施方案》《关于推进高等教育综合改革的意见》《关于深化城乡建设用地增减挂钩试点工作的意见》。

4月5日　国务院批复同意济南、青岛、淄博、潍坊、烟台、威海6个国家高新技术产业开发区建设山东半岛国家自主创新示范区。7月8日，山东半岛国家自主创新示范区建设动员大会在济南召开。会议指出，建设山东半岛国家自主创新示范区是党中央、国务院作出的重大战略部署，要发挥好山东半岛6个国家高新区的先发优势，打造东部沿海地区创新发展的"新尖兵"。

4月8日　山东半岛蓝色经济区海洋人才创业中心在青岛正式启动运营。

4月12日　省扶贫开发领导小组召开第三次全体会议，传达学习汪洋副总理关于扶贫开发工作的最新讲话精神，听取省扶贫开发领导小组办公室工作汇报。会议研究并原则通过《2016年各市脱贫计划》《山东省市级党委和政府扶贫工作成效考核办法》和《全省脱贫攻坚1+N专项实施方案》，安排部署下一步工作。

4月13日　省委常委会召开会议，传达学习习近平总书记关于"两学一做"学习教育重要指示精神和中央"两学一做"学习教育工作座谈会精神，研究贯彻落实意见。

4月13日 省政府办公厅印发《关于开展编制自然资源资产负债表试点工作的通知》，确定在淄博市、潍坊市开展编制自然资源资产负债表市级试点工作，摸清自然资源资产的家底及其变动情况，为推进全省生态文明建设，有效保护和永续利用自然资源提供信息基础、监测预警和决策支持。

4月14日 全省脱贫攻坚现场会议在鄄城召开，交流全省扶贫开发工作会议以来的工作，分析形势，研究部署推进扶贫政策措施精准落地。

4月16日 山东省"两学一做"学习教育工作座谈会在济南召开。会议强调，要深入学习贯彻习近平总书记系列重要讲话和关于开展"两学一做"学习教育的重要指示精神，进一步提高思想认识，增强行动自觉，准确把握"基础在学、关键在做"的要求，以严的精神和实的干劲，高标准高质量推进学习教育，确保取得党和人民群众满意的成效。

4月19日 全省易地扶贫搬迁工作会议在济南召开。

4月22日 省委印发《关于推进高等教育综合改革的意见》。《意见》从推进现代大学制度建设、扩大高校办学自主权、提高办学质量和水平、深化教育教学改革、加强教师队伍建设、拓展丰富教育资源、完善高等教育综合改革保障机制等7个方面对深化高等教育综合改革提出了攻坚方向和创新举措。5月20日，全省高等教育综合改革工作会议在济南召开，安排部署了山东高等教育综合改革工作。

4月26日 省委办公厅、省政府办公厅印发《山东省扶贫开发领导小组成员单位扶贫开发工作成效考核办法》。

4月27日—29日 中国·临沂第三届资本交易大会在临沂举办。临沂市签约金融招商项目27个，协议金额1126亿元。

5月4日 省委印发《关于加快推进生态文明建设的实施方案》。《实施方案》分总体要求、重点任务、制度创新、共建共享、保障机制5个部分，涵盖了26项重点建设任务、29个制度创新领域和13条共建共享推进措施。

5月7日 省委印发《关于深入推进供给侧结构性改革的实施意见》。《意见》聚焦2016年和2017年，重大任务延伸到2018年，要求力争全省通过集中攻坚，推动要素配置效率明显提升，在全省形成多层次、高质量的供给体系。

5月8日 由阳光保险集团与潍坊市人民政府合作建设的三级综合性医院——阳光融和医院对外开诊。这是国内首家经中国保监会批准、由保险机构与地方政府合作建设的混合所有制医院，开创我国"保险＋医疗"模式。

5月10日 全省科学技术奖励大会在济南召开。李术才、陈子江获2015年度省科学技术最高奖。

5月14日—21日 省委宣传部、省科技厅和省科协联合举办2016年山东省科技活动周，主题是"创新引领、精准扶贫、科技惠民、共享发展"。

5月15日 2016中国旅游产业投融资促进大会在济南召开。16日，全省旅游产业发展大会在济南召开。会议贯彻落实中央关于促进旅游业发展的政策措施，安排部署了全省旅游业发展工作。

5月17日 省委印发《关于实施全面两孩政策改革完善计划生育服务管理的意见》，要求全面实施一对夫妇可生育两个孩子政策，改革完善计划生育服务管理，促进人口长期均衡发展。

5月27日 《山东省生态保护与建设规划（2014—2020年)》正式公布。

5月31日 省委印发《山东省法治政府建设实施纲要（2016—

2020年)》。这是第一次以省委、省政府文件的形式部署法治政府建设工作。

5月31日 省委办公厅、省政府办公厅印发《山东省贫困退出实施方案》，对建档立卡农村贫困人口、扶贫工作重点村退出标准和程序作出具体规定。

6月1日 省委全面深化改革领导小组召开第二十三次会议，传达学习中央全面深化改革领导小组第二十四次会议精神，讨论审议并原则通过《山东省深化农村改革综合性实施方案》《山东省电力体制改革实施方案》《山东省律师和律师事务所违法违规行为惩戒工作规则》《关于推进价格机制改革的实施意见》；听取了潍坊市推进国家现代农业综合改革试点情况汇报。

6月3日 "泛海助学山东行动"在济南市启动。"泛海助学山东行动"是全省统一战线"同心扶贫攻坚行动"的重要组成部分。根据与省委统战部签署的框架协议，自2016年起，中国泛海控股集团将每年捐资5000万元，资助1万名品学兼优的贫困家庭大学新生。项目连续实施5年，共计捐赠助学资金2.5亿元。

6月17日 东营市融入京津冀协同发展推介会暨重点项目签约仪式在北京举行。本次推介会共达成签约项目69个，签约总金额699.58亿元；现场签约23个重点项目，签约金额396.18亿元。

6月21日 省军区参与打赢脱贫攻坚战任务部署电视电话会议在济南召开。

6月22日 国际教育信息化会议在青岛开幕。会议主题为"互联网时代的教育变革与教育2030年议程"。联合国教科文组织第38届大会主席希玛塔出席大会并致辞。来自50多个国家和地区的580多名专家、学者参加会议。

6月28日 省委、省政府在济南召开市县乡领导班子换届工作会议，深入学习贯彻习近平总书记重要指示和中央关于市县乡领导班子换届工作精神要求，研究部署山东省市县乡换届工作，为在全面建成小康社会进程中走在前列提供坚强有力组织保证。

6月28日 省政府召开常务会议，研究普通高等学校毕业生就业创业、农业水价综合改革等事项。

6月29日 山东首个特高压工程——锡盟至山东1000千伏特高压交流工程山东段正式竣工投入运营。

7月2日 全国侨务扶贫工作会议在济南召开。国务院侨办、扶贫办负责人，山东省委、省政府负责人参加活动。各省（自治区、直辖市）以及重点侨乡地区政府侨务部门相关负责人近120人参加会议。

7月5日 2016年二十国集团民间社会（C20）会议在青岛市开幕。中共中央总书记、国家主席习近平向会议发来贺信。国务委员杨洁篪在开幕式上宣读习近平的贺信并致辞。本次会议以"消除贫困、绿色发展、创新驱动与民间贡献"为主题，共设置两场全体会议、三场分议题研讨。中国民间组织国际交流促进会、中联部主要负责人，山东省委书记等出席开幕式。来自50多个国家和地区的170多个民间组织的210多名代表参加会议。

7月8日 科技部与省政府在济南举行2016年部省工作会商会议，确定此后两年重点在加快创新型省份建设、有力支撑经济转方式调结构、培育建设具有国际影响力的海洋科技创新中心、全方位融入全球创新网络四个方面加强会商协作。

7月18日 省委印发《关于深化人才发展体制机制改革的实施意见》。《意见》贯彻中央关于深化人才发展体制机制改革的意见要求，旨在破除束缚人才发展的思想观念和体制机制障碍，解放和增强人才活力，构建科学规范、开放包容、运行高效的人才发展治理体系，形成具有山东特色的人才发展体制机制。

7月18日—22日 省十二届人大常委会第二十二次会议表决通过《山东省多元化解纠纷促进条例》《山东省循环经济条例》《山东省经济开发区条例》《山东省大气污染防治条例》等。

7月23日 省委召开常委会议，传达学习习近平总书记在东西部扶贫协作座谈会上的重要讲话，研究贯彻落实意见。8月16日，省委、省政府在济南召开全省扶贫协作会议，学习贯彻讲话精神，安排部署省内扶贫协作工作。

7月25日—26日 省委十届十四次全体会议审议通过《关于深化科技体制改革加快创新发展的实施意见》《中国共产党山东省委员会工作规则》。

7月29日 山东省扶贫开发综合平台上线运行。

8月5日 省委全面深化改革领导小组召开第二十五次会议，传达学习中央有关会议精神，审议通过《山东省党政领导干部生态环境损害责任追究实施细则》《山东广播电视台管理体制改革创新工作实施方案》《关于加快山东半岛国家自主创新示范区建设发展的实施意见》；听取关于农村土地承包经营权确权登记颁证工作情况的汇报，研究部署下一步改革工作。

8月11日 省城镇化工作领导小组召开第四次全体会议，认真贯彻党中央、国务院关于深入推进城镇化工作的重要部署，总结近期工作，审议并通过《关于加快推进农业转移人口市民化的实施意见》《关于创建特色小镇的实施方案》《武城县实施产城融合推进就地城镇化试点方案》《山东半岛城市群发展规划》《关于设立新的中小城市的试点方案》。

8月11日 省委、省政府印发《山东省深化城市管理执法体制改革实施方案》。

8月25日—28日 第六届山东文化产业博览交易会在济南举办。

本届文博会以"转型升级、融合发展、创业创新"为主题，由展区、论坛和群众文化活动三个板块组成。展会期间，共有 140 万人次现场参观，文化产品现场交易额近 35 亿元。

8 月 26 日　全省加强企业家队伍建设工作会议在济南召开。会议主题是学习贯彻习近平总书记关于企业家队伍建设的要求，凝聚共识，全面提升山东企业家队伍建设水平，推动企业家在山东经济社会发展中发挥更大作用。

8 月 27 日　省委、省政府印发《关于进一步做好东西扶贫协作和对口支援工作的意见》。

8 月 29 日　全省扶贫协作工作会议在济南召开，认真贯彻中央东西部扶贫协作座谈会精神，学习借鉴闽宁扶贫协作经验，研究部署新形势下山东省扶贫协作工作，进一步统一思想、合力攻坚，坚决完成中央赋予的重大政治任务，助力对口支援和扶贫协作地区打赢脱贫攻坚战。

8 月 30 日　省委全面深化改革领导小组召开第二十六次会议，审议通过《山东省简化优化公共服务流程方便基层群众办事创业实施方案》《山东省行业协会商会与行政机关脱钩实施方案》《山东省环境保护督察方案（试行）》《山东省生态环境损害赔偿制度改革试点方案》《山东省生态环境监测网络建设工作方案》《山东省省级及以上自然保护区生态补偿办法（试行）》《山东省深化国税、地税征管体制改革实施方案》；听取 2016 年上半年重点改革项目督察情况和《关于深化省属国有企业改革几项重点工作的实施意见》评估情况的汇报；研究部署下一步改革工作。

9 月 1 日　第 22 届鲁台经贸洽谈会在潍坊开幕。会议主题为"凝聚合作共识、促进产业融合"。中共中央台办、国务院台办主任，山东省人民政府省长，中国国民党副主席、三三企业交流会副会长胡志强出席两岸合作创新论坛并致辞。

9月1日—2日　山东省人民政府省长带领省、市有关负责人赴重庆调研考察鲁渝扶贫协作工作。双方举行了山东省—重庆市扶贫协作联席会议暨扶贫协作框架协议签署仪式。

9月7日　环境保护部印发《关于重点流域水污染防治专项规划2015年度实施情况考核结果的通报》，山东重点流域治污考核位列全国九大流域，25个省（自治区、直辖市）第一位。

9月9日　省委印发《关于加快推进农业转移人口市民化的实施意见》。《意见》提出，到2020年，全省实现1000万名农业转移人口落户城镇，700万名城中村、城边村原有居民完全市民化，常住人口城镇化率和户籍人口城镇化率分别达到65%和55%以上。

9月13日　全国首个自贸协定实施研究中心在山东安丘建成。中心旨在充分整合检验检疫部门、地方政府和高校在自贸协定实施出口方面的优势，进一步强化对自贸协定政策的研究能力，提升企业运用自贸协定的整体水平，助推山东外贸回稳向好。

9月18日　省环保厅、省发展改革委等8个部门联合印发《山东省生态保护红线规划（2016—2020年)》。

9月19日　"一带一路"国际农业科技合作高层论坛在济南举办。本次论坛由山东省农业厅和山东省农科院主办，来自"一带一路"沿线11个国家的中方和外方代表共150多人参加了论坛。论坛围绕"科技先行、协同发展、实现共赢"的主题开展了一系列活动。

9月21日—25日　第四届中国非物质文化遗产博览会在济南举办。本届非遗博览会由文化部和山东省人民政府共同主办，以"非遗走进现代生活"为主题，通过展陈、演示、比赛、体验等形式，全面展示非物质文化遗产保护传承的新进展和新成果。

9月23日　中国国际石墨烯创新大会在青岛开幕，主题为"新势力、新常态、新突破"，来自 30 多个国家和地区的 600 多家单位、2000 余位专业人士参加会议。

9 月 23 日—25 日　全国产业精准扶贫现场观摩会在临沂、菏泽两市召开。全国 15 个省（自治区）共 60 余人参加会议。参会代表实地参观考察沂南县、费县、鄄城县产业精准扶贫现场。

9 月 23 日—25 日　2016 中日韩产业博览会在潍坊召开。本届中日韩产业博览会由中国国际商会联合日韩国家级贸易促进机构共同主办，聚焦自贸区主题，针对服务贸易发展、现代农业合作、投资贸易便利化等自贸区建设的热点问题，为中日韩产业博览会策划设计了独具特色的活动和环节，突出关键产业，找准利益契合点，为三国务实合作搭建平台。

9 月 29 日　省扶贫开发领导小组第五次全体会议在济南市召开。会议传达全国易地扶贫搬迁现场会议精神，审议通过《山东省"十三五"脱贫攻坚规划》《山东省脱贫攻坚督查巡查办法》《山东省市级党委和政府扶贫开发工作成效考核实施细则》。

10 月 1 日　山东在全面实施工商营业执照、组织机构代码证、税务登记证"三证合一"登记制度改革的基础上，再整合社会保险登记证和统计登记证，实施"五证合一"。

10 月 17 日　泰安市岱岳区扶贫办原副主任苏庆亮被省委宣传部追授"齐鲁时代楷模"称号。

10 月 19 日　省委全面深化改革领导小组召开第二十七次会议，传达学习中央全面深化改革领导小组第二十七次、第二十八次会议精神，审议通过《中共山东省委十届十三次全体会议重要改革举措实施规划（2016—2020 年)》《关于健全落实社会治安综合治理领导责任制的实施办法》《关于深化律师制度改革的实施意见》《关于开展"一社区（村）一法律顾问"工作的实施意见》《山东省法官、检察官和司法辅助人员工资制度改革试点实施意见》；听取关于各市国企国资改革调研情况汇报，研究部署下步改革工作。

10月24日—27日 党的十八届六中全会在北京举行。全会审议通过《关于新形势下党内政治生活的若干准则》和《中国共产党党内监督条例》。全会明确习近平总书记的核心地位，号召全党同志紧密团结在以习近平同志为核心的党中央周围，牢固树立政治意识、大局意识、核心意识、看齐意识，坚定不移维护党中央权威和党中央集中统一领导。10月29日，省委召开省级党员领导干部会议，传达学习党的十八届六中全会精神，研究贯彻落实意见。11月17日至18日，省委十届十五次全体会议召开，审议通过《中共山东省委关于深入学习贯彻党的十八届六中全会精神的意见》。

10月26日 全省脱贫攻坚现场会议在临沂市召开。会议实地参观沂南县、费县产业扶贫、社会扶贫、易地扶贫搬迁现场，部分市交流脱贫攻坚工作进展情况，各市党委分管副书记、扶贫办主任，省扶贫开发领导小组成员及临沂市主要负责人参加会议。

11月7日 第十一届中国（青岛）—欧盟投资贸易科技合作洽谈会（简称"欧洽会"）在青岛开幕。洽谈会以"'一带一路'连接中欧新未来"为主题，聚焦海洋科技、低碳环保、新能源等产业，致力于推动青岛市与欧洲国家在投资、贸易、科技方面的全面交流合作。

11月7日 省扶贫开发领导小组印发《关于成立推进黄河滩区脱贫迁建工作专项小组的通知》。省委副书记任组长，副省长任副组长，20个扶贫开发领导小组有关成员单位及菏泽市、山东黄河河务局主要负责人为成员，专项小组办公室设在省扶贫开发领导小组办公室。

11月9日 第七届生态山东建设高层论坛暨绿色产业国际博览会在青岛举行。本届"绿博会"以"发展绿色产业、建设生态文明"为主题，来自韩国、美国、加拿大和中国台湾、香港等160家企业参展。

11月16日 山东首条城际高铁——青荣城际铁路全线开通运营。青荣城际线全程303公里，设计时速250公里，全线设客运车站13个，开行动车18趟，全部安排开行"C"字头城际列车。

11月30日 黄河滩区脱贫迁建工作专项小组第一次全体会议在济南召开。会议听取了黄河滩区脱贫迁建工作进展情况汇报，研究了工作分工，安排部署了下步工作。

12月7日 山东省—以色列水科技企业商务对接会在济南举行。山东95家企业与以色列污水处理、工业废水处理、过滤净化、海水淡化等领域的12家水科技企业进行洽谈，达成一批合作意向。

12月26日—27日 全省经济工作会议在济南举行，深入学习贯彻党的十八大和十八届三中、四中、五中、六中全会精神，深入贯彻落实中央经济工作会议精神，总结山东省2016年经济工作，研究部署2017年经济工作。会议对贯彻中央经济工作会议精神提出明确要求，科学分析山东省经济形势，提出明年经济工作总体思路和目标任务，并对明年经济社会发展作出具体安排。

12月29日 省政府颁布实施《山东省"十三五"脱贫攻坚规划》，明确"十三五"时期全省脱贫攻坚思路目标、战略任务、重点工程和政策措施。

12月29日 省委全面深化改革领导小组召开第二十九次会议，传达学习中央全面深化改革领导小组第三十次会议精神；审议通过《山东省人大常委会关于加强省本级部门预算审查监督的若干规定》《关于做好新时期教育对外开放工作的实施意见》《关于贯彻落实中办有关文件改革社会组织管理制度促进社会组织健康有序发展的实施意见》《关于推进省以下财政事权和支出责任划分改革的意见》《关于以市为单位统筹推进县域基本公共服务均等化的指导意见》《山东省科协所属学会有序承接政府转移职能试点工作实施方案》；通报关于国家教育体制改革领导小组第二十三次会议情况；研究部署下一步改革工作。

12月　省发展改革委和省海洋渔业厅制定《山东省"十三五"海洋经济发展规划》，提出到2020年，海洋生产总值年均增长10%以上，占全省生产总值比重20%以上。

本年　全省共脱贫151.2万人，其中国标76.8万人，省标74.4万人。截至年底，全省还有建档立卡贫困户89.6万人，其中国标31.1万人，省标58.5万人。

本年　山东省三次产业增加值构成调整为7.3：45.4：47.3，第三产业比重比2015年提高2.0个百分点，三产占生产总值的比重首次超过二产，产业结构实现了由"二三一"向"三二一"的重大转变，初步形成以服务业为主导的现代产业格局。

二〇一七年

1月2日 全省第三次全国农业普查现场登记工作正式开始。本次农业普查对全省1800多个乡镇、约7.5万个行政村和2200万农户，以及大量规模农业经营户和农业经营单位进行普查登记。

1月5日 国务院副总理、国务院扶贫开发领导小组组长汪洋在省扶贫开发领导小组呈报的《临沂市探索建立"一整三转四统"扶贫资金循环使用机制拓宽村增收户脱贫渠道》报告上作出批示，对临沂市积极探索扶贫资金科学使用的做法给予肯定。

1月6日 省委常委会召开会议，学习贯彻习近平总书记在十八届中央纪委第七次全体会议上的重要讲话精神。11日，省纪委十届八次全体会议在济南召开。会议强调，要坚持严字当头、实字托底，坚持标本兼治，严肃党内政治生活，强化党内监督，全面加强纪律建设、作风建设，把反腐败斗争引向深入，推动全面从严治党向纵深发展。

1月6日 省教育厅、省住房城乡建设厅等59个省直部门编制公布公共服务事项600余项。

1月6日 菏泽等17个城市创建国家电子商务示范城市，菏泽成为山东此次唯一获批城市。17日，在中国淘宝村高峰论坛申办城市评审会上，菏泽凭借淘宝村数量多、覆盖面广、示范带动能力强，以绝对优势获得2017年举办权，成为江浙地区以外首个获得中国淘宝村高峰论坛举办权的城市。12月7日，第五届中国淘宝村高峰论坛主论坛在菏泽开幕。

1月10日 省委、省政府确定，全省将选派第三轮"第一书记"到贫困村抓党建促脱贫攻坚。计划从210家省直单位和部分中央驻鲁单位选派612名"第一书记"，安排在7个市、28个县（市、区），重点向脱贫任务较重的县倾斜，向自然条件最差、贫困程度最深的村集中。同时，继续向28个县（市、区）派驻挂职副书记，负责对本县（市、区）省派"第一书记"的组织协调和管理服务。

1月12日 第一届全省文明家庭表彰大会举行。以爱国守法、遵德守礼、平等和谐、敬业诚信、家教良好、家风淳朴、绿色节俭、热心公益8个方面为评选标准，经过层层审核推荐，省文明委评选了300户第一届全省文明家庭。

1月13日 省政府召开常务会议，研究全省脱贫攻坚、农村集体产权制度改革等工作，讨论并原则通过2017年政府工作报告（讨论稿）。

1月17日—18日 省十二届人大常委会第二十五次会议在济南召开。会议表决通过《山东省食品小作坊小餐饮和食品摊点管理条例》《山东省安全生产条例》《山东省动物防疫条例》，表决通过山东省人大常委会关于批准烟台等六个设区的市人大常委会报批的七件地方性法规的决定，表决通过省十二届人大常委会代表资格审查委员会关于个别代表的代表资格变动情况的报告等。

1月18日 全省扶贫开发工作会议在济南召开。省委书记、省扶贫开发领导小组组长，省长、省扶贫开发领导小组组长分别提出要求。省委副书记、省扶贫开发领导小组副组长出席会议并讲话。2016年全省现行标准下151万贫困人口脱贫，超额完成全省120万人年度减贫任务，脱贫攻坚年度战役首战告捷。

1月19日 省政府召开常务会议，研究组织实施"外专双百计划"、山东省农业现代化规划等工作。

1月19日 全省农村工作会议在济南召开，深入学习贯彻中央农村工作会议精神，总结工作，分析形势，安排部署今年全省农业农村工作。

1月20日 省委全面深化改革领导小组召开第三十次会议，传达学习中央全面深化改革领导小组第三十一次会议精神，审议通过《中共山东省委全面深化改革领导小组 2016 年工作总结报告》《进一步深化文化市场综合执法改革的实施意见》。

1月 省商务厅、省发展改革委等 6 个部门印发《关于在全省经济开发区开展创新创业公共服务平台提升计划的指导意见》，提出到 2020 年，所有开发区建立起比较完善的创新创业公共服务平台体系。

2月6日—10日 省十二届人大六次会议在济南召开。省长作政府工作报告。大会表决通过《山东省地方立法条例》，审议通过政府工作报告、2017 年省国民经济和社会发展计划等。

2月14日 省政府批准《关于山东半岛城市群发展规划（2016—2030 年）》。《规划》提出，到 2030 年，山东半岛城市群总人口达到 1.06 亿左右，城镇人口 8000 万左右，全面建成发展活力足、一体化程度高、核心竞争力强的现代化国家级城市群。

2月15日 山东省制定《关于以市为单位统筹推进县域基本公共服务均等化的指导意见》，提出到 2020 年，全省县级基本公共服务保障水平实现总体均衡，基本建成覆盖城乡、制度衔接、水平均衡、保障有力的基本公共服务体系。

2月15日 省扶贫办与中国人寿山东省分公司共同签订《保险精准扶贫合作框架协议》，推动全省保险扶贫全覆盖、风险保障全方位、保险服务全配套的工作开展，促进贫困人口脱贫。

2月16日 省政府召开全省环境保护工作电视会议，要求全省各级认真践行绿色发展理念，清醒看到加强生态环境保护的紧迫性、艰巨性，扎实做好污染防治、节能减排各项工作，促进经济社会与生态环境协调发展，努力让人民群众共享生态文明建设成果。

2月17日　省政府办公厅印发《加快推进十大文化旅游目的地品牌建设实施方案》，提出加快建设东方圣地、仙境海岸、平安泰山、泉城济南、齐国故都、鲁风运河、水浒故里、黄河入海、亲情沂蒙、鸢都龙城十大文化旅游目的地品牌。

2月22日　省政府印发《关于推进省以下财政事权和支出责任划分改革的意见》，对推进省以下财政事权和支出责任划分改革作出总体部署，明确了路线图、时间表。

3月3日　全国首个食品农产品技术性贸易措施研究评议基地落户山东。研评基地将汇聚政府、行业、企业多方力量，全方位参与食品农产品技术性贸易措施研究和应对工作，为中国出口食品农产品在WTO争取更多话语权，帮助突破壁垒，顺畅进入目标市场。

3月5日—15日　十二届全国人大五次会议在北京举行。3月6日，中共中央政治局常委、国务院总理李克强参加山东代表团审议并指出，山东发展得益于动能转换，希望山东在国家发展中继续挑大梁，在新旧动能转换中继续打头阵。他强调，要统筹稳增长、促改革、调结构、惠民生、防风险，努力完成2017年经济社会发展任务。

3月8日　省委办公厅、省政府办公厅发布《山东省生态环境损害赔偿制度改革试点工作实施方案》。

3月10日　省环保督察工作领导小组第一次会议在济南召开。会议通报全省环保督察工作情况，审议并原则通过《山东省环境保护督察工作领导小组工作规则》和《山东省环境保护督察工作实施方案》，安排部署下一步工作任务。

3月15日　省政府办公厅印发《关于"食安山东"品牌建设的

实施意见》，要求将山东建设成为全国食品和食用农产品消费最安全、最放心的地区之一。

3月18日 省人力资源社会保障厅、省财政厅、省扶贫开发领导小组办公室联合印发《关于进一步加大就业扶贫力度的通知》，推进"就业扶贫车间"升级建设，分类分批打造"精品车间"。

3月21日 全省17个市及省本级已全部接入国家异地就医结算系统，开通山东大学齐鲁医院等定点医疗机构52家，标志着山东跨省异地就医直接结算工作全面启动实施。

3月22日 省政府办公厅印发《关于加快全省农业科技园区体系建设的实施意见》，启动实施省农业科技园区产业提升工程。

3月23日 省委全面深化改革领导小组召开第三十一次会议，传达学习中央全面深化改革领导小组第三十二次会议精神，审议通过《中共山东省委全面深化改革领导小组2017年工作要点》《山东省文化领域供给侧结构性改革实施方案》《关于加强文化领域行业组织建设的实施意见》《加强和改进企业国有资产监督防止国有资产流失的实施意见》，听取《关于县以下机关建立公务员职务与职级并行制度的实施意见》评估情况汇报和淄博市推进改革举措落实情况汇报。

3月27日 山东省美丽乡村标准化建设联席会议在济南召开第一次会议。会议强调发挥好联席会议机制作用，进一步加强领导、汇聚合力，推动全省美丽乡村标准化建设再上新水平。

3月29日 《山东省消费者权益保护条例》经省十二届人大常委会第二十七次会议审议通过，2017年7月1日起施行。

4月6日 省政府新闻办发布《山东省城镇体系规划（2011—2030年)》，是经国务院同意、由住建部批复实施，山东省第一个到2030年的法定空间规划。

4月7日 京津冀鲁协同发展城市旅游联盟成立大会暨齐河旅游

推介会在德州市齐河县举行，来自京津冀鲁的 12 个区（市）旅游委（局）加入联盟。

4月10日　国家食品药品监督管理总局发布《关于首批国家食品安全示范城市综合评议结果的公示》，拟将全国 15 个城市列为国家食品安全示范城市，其中包括山东济南市、青岛市、烟台市、潍坊市、威海市，占总数三分之一。

4月11日—15日　中共中央政治局委员、全国人大常委会副委员长李建国率检查组在山东省开展药品管理法执法检查，强调切实增强药品安全法治意识，执法必严，违法必究，为人民群众把好药品质量关和价格关。

4月12日　省委全面深化改革领导小组召开第三十二次会议，传达学习中央全面深化改革领导小组第三十三次会议精神，审议通过《山东省足球改革发展实施方案》《关于推进普惠金融发展的实施意见》，听取临沂商城国际贸易综合改革试点情况汇报。会议指出，要切实把"四个意识"落实到具体工作和行动中，落实到改革攻坚、解决问题的实践中。

4月15日　全省开展打击囤房炒房等违法违规行为专项行动。此次行动内容中的价格管控为省级范围内首次。房地产开发企业取得申请预售许可后，3 个月内不得涨价。

4月19日—21日　中共中央政治局常委、国务院总理李克强在威海、济南考察，听取了威海港口发展汇报和山东钢铁去产能汇报，考察了济南棚户区改造情况。

4月20日　"文传榜·2016"中国文化网络传播系列征集发布活动举行。中国孔子网位列"十大国学网站"之首。

4月21日　烟台莱州旅游纠纷仲裁中心在莱州市旅游局正式挂牌成立，这是山东省成立的首个县级旅游纠纷仲裁中心。

4月22日 山东省首届弘扬中华优秀传统文化经验交流大会在济南开幕。

4月23日 省人力资源社会保障厅、潍坊市人民政府联合在潍坊市启动"证卡合一"试点，标志着全省就业创业证与社会保障卡"证卡合一"工作正式实施。此举是山东深入推进人力资源社会保障服务"放管服"改革的重大创新，在全国具有首创性。

4月24日—28日 在瑞士日内瓦举行的联合国第三届电子商务周上，来自博兴县的农民网商贾培晓，作为中国淘宝村乃至中国农村电子商务的代表人物，与阿里巴巴集团董事局主席马云一起登上联合国大舞台，向全世界讲述中国农民利用互联网改变命运的奇迹。

4月26日 从澳大利亚进口的1000吨籽棉在潍坊综合保税区检验检疫完毕，这是中国第一单，也是世界第一单籽棉进口。

4月26日 青岛市人力资源和社会保障局联合招商银行青岛分行，共同发行全国首张大学生创业联名借记卡"青岛大学生创业一卡通"，持卡人可享受到定制专属金融服务和利率优惠。

4月27日 全省推进"两学一做"学习教育常态化制度化工作座谈会在济南召开。会议强调，要坚决贯彻习近平总书记重要指示精神和中央部署要求，坚持高标准、严要求，拿出硬措施、实招数，确保在推进"两学一做"学习教育常态化制度化上取得新进展、见到新成效。

4月28日 全省新旧动能转换重大工程启动工作电视会议召开。会议通报《新旧动能转换重大工程近期工作方案》，提出要把加快新旧动能转换作为统领全省经济发展的重大工程，组织开展调查研究，进行可行性评估，坚持科学务实编制规划，把统领山东经济发展的重大工程做好。

4月 黄河三角洲国家级自然保护区正式通过住建部向联合国教

科文组织提交的中国渤海湾—黄海海岸带世界自然遗产地预备清单审核。这标志着该自然保护区正式加入世界自然遗产地预备名录。

5月2日 《山东省新能源和可再生能源中长期发展规划（2016—2030年)》印发，明确到2020年，新能源和可再生能源占能源消费总量比重达7%。

5月4日 省委、省政府印发《贯彻落实〈中共中央、国务院关于深入推进农业供给侧结构性改革加快培育农业农村发展新动能的若干意见〉的意见》，以推进农业供给侧结构性改革为主线，对进一步加强"三农"工作作出全面部署。

5月4日 山东省科协与重庆市科协在济南举行科技扶贫对接活动暨鲁渝科协系统科技扶贫协作协议签约仪式。全省14个市及所属14个县（市、区）科协与重庆市14个对口帮扶的县（市、区）科协进行项目对接。

5月5日 山东省确定2017年第一批削减37项省级行政权力事项，一批"真权""实权"被取消、下放或整合，本批削减后，山东已经累计削减601项，完成削减任务的101.7%，提前完成本届政府确定的目标任务。

5月6日 省委书记、省扶贫开发领导小组组长到东明县调研黄河滩区脱贫迁建工作并主持召开座谈会。省扶贫开发领导小组副组长等省领导陪同调研。

5月6日—7日 全国农村社会治理论坛在费县举行。来自中国农业大学、中国社会科学院等的专家表示，费县建立完善"3+4"农村社会治理保障体系，推动农村社会治理向精细化、制度化、系统化转变，为国家治理能力现代化大背景下的全国农村社会治理，探索出一条可供广泛学习借鉴的费县模式。

5月10日 省政府办公厅出台《关于加强和改进企业国有资产

监督防止国有资产流失的实施意见》。根据《意见》要求，以国有资产保值增值、防止流失为目标，将加快形成全面覆盖、分工明确、协同配合、制约有力的国有资产监督体系，促进全省国有企业持续健康发展。

5月11日 全省卫生与健康大会在济南召开。会议强调，深入贯彻落实习近平总书记在全国卫生与健康大会上的重要讲话精神，按照党中央、国务院的决策部署，以人民群众期盼为导向，切实解决好卫生与健康领域关键性问题，着力打造医养健康产业强省，加快推进健康山东建设，努力实现与全面小康相匹配的全民健康。

5月17日 全省全面实行河长制工作动员部署电视会议召开，部署在全省实行河长制。截至4月底，全省17个市、180个县（市、区）（含高新区、经济开发区等）已建立河长组织体系，初步建立起以总河长、河长、河长制办公室为核心的河长组织体系。

5月22日 山东地矿集团有限公司和山东泰山地勘集团有限公司正式揭牌成立，山东由此新增两家省管一级企业。这标志着山东实施省属经营性国有资产统一监管、新组建一级企业集团迈出实质步伐。

5月26日 省委全面深化改革领导小组召开第三十三次会议，省委书记、省委全面深化改革领导小组组长主持。会议审议通过《关于在济南、青岛地区开展刑事案件认罪认罚从宽制度试点工作的实施细则》《山东省检察机关案件承办确定机制实施办法（试行）》《山东省检察机关检察官办案组织设置指导意见（试行）》《山东省检察机关检察官司法责任追究办法（试行）》《山东省深化公安执法规范化建设实施意见》《山东省省级国有资本经营预算管理暂行办法》《关于建立以绿色生态为导向的农业补贴制度改革意见》。

6月1日 省委、省政府印发《关于深化投融资体制改革的实施意见》。《意见》提出在全省着力推进结构性改革尤其是供给侧结构性改革，充分发挥市场在资源配置中的决定性作用和更好发挥政府作用。进一步转变政府职能，改进投资管理，强化制度创新，建立企业投资市场主导、融资渠道丰富畅通，政府管理简明规范、职能转变务实到位，宏观调控稳健高效、法制体系保障健全的新型投融资体制。

6月3日 世界首座也是规模最大的全自动智能海上养殖装备——挪威海上渔场养鱼平台"海洋渔场1号"，在位于青岛市黄岛区的中船重工武船集团新北船基地完工并交付给挪威业主萨尔玛公司。

6月6日 2017年亚洲媒体峰会在青岛举行。中共中央政治局委员、国务院副总理刘延东出席开幕式并致辞。此次峰会以"媒体新时代、全球共发展"为主题，有48个国家和7个国际组织的450多名代表参加，共同探讨当今时代媒体如何应对挑战，更好地服务于全球发展目标。

6月13日—17日 中共山东省第十一次代表大会在济南举行。省委书记代表省第十届委员会向大会作《紧密团结在以习近平同志为核心的党中央周围 奋力开创经济文化强省建设新局面》的报告。报告共分6个部分：（一）全面贯彻落实习近平总书记对山东工作的总要求，经济文化强省建设迈出坚实步伐；（二）牢牢把握走在前列的目标定位，绘就经济文化强省建设新愿景；（三）加快新旧动能转换，促进经济转型升级提质增效；（四）以坚定的文化自信推动文化繁荣发展，不断丰富人民精神世界；（五）坚持以人民为中心的发展思想，建设和谐美丽的幸福家园；（六）推动全面从严治党向纵深发展，为经济文化强省建设提供坚强政治保证。大会通过《中国共产党山东省第十一次代表大会关于十届省委报告的决议》《中国共产党山东省第十一次代表大会关于中共山东省第十届纪律检查委员会工作报告的决议》。

6月14日 省政府在济南召开黄河滩区脱贫与迁建民生工程专题会议。会议研究审议《山东省黄河滩区脱贫与迁建民生工程总体规划》《黄河滩区脱贫与迁建民生工程筹资及税费减免方案》，安排部署全省黄河滩区脱贫迁建工作。

6月16日 山东出口食品农产品质量安全示范省总结会议在威海召开。国家质检总局领导宣读了批准山东为"出口食品农产品质量安全示范省"的公告。这是国家质检总局考核通过的中国首个出口食品农产品质量安全示范省。

6月18日 省委常委会召开会议，研究从严从实加强常委会自身建设的有关意见。会议审议通过《中国共产党山东省委员会常务委员会议事决策规则（修订稿)》《中共山东省委关于加强常委会自身建设的意见》《中共山东省委实施〈中国共产党问责条例〉办法》等。

6月24日 中欧（青岛）班列正式开通。从青岛经满洲里口岸出境，直达俄罗斯莫斯科。班列全程7900公里，运行时间约22天，比海运节省约30天。

6月28日—2018年3月31日 山东开展大气污染省级督查。督查范围是7个传输通道城市，即济南、淄博、济宁、德州、聊城、滨州、菏泽。

7月3日 省委、省政府重点工作推进情况视频会议在济南召开。会议采取听取汇报、领导点评等形式，围绕学习贯彻党的十八届六中全会精神，深入贯彻落实省第十一次党代会部署要求，对各部门各地区相关工作进行了督促和指导。此后，这种会议形式成为山东狠抓落实、推动工作的重要手段。

7月5日 省财政厅、省环保厅、省高院和省检察院联合印发《山东省生态环境损害赔偿资金管理办法》，这是全国7个生态环境损害赔偿试点省、市中首家出台的资金管理办法。

7月5日—8日 国务院扶贫开发领导小组副组长、国务院扶贫办主任到菏泽、临沂两市调研脱贫攻坚工作。

7月10日　省政府批复同意济南市设立济南国际医学科学中心。该项目位于济南槐荫区西部，包含山东第一医科大学、国家健康医疗大数据北方中心等重点项目，旨在建立集医疗、教学、科研和预防保健、健康旅游、康复医养为一体，布局合理、专业互补、资源共享的国际化综合医疗健康产业，目标是将济南市打造成全国医学领域首屈一指的产学研高地。2018年7月18日，济南国际医学科学中心举行重点项目集中开工活动。

7月13日　省委党的建设领导小组召开会议，会议讨论审议《关于进一步加强城市社区党组织建设的若干意见》《关于进一步加强农村村级党组织建设的若干意见》《关于进一步弘扬沂蒙精神的工作方案》，要求根据讨论意见作进一步修改完善后提交省委常委会会议研究。

7月20日　省政府召开常务会议，研究推进基本公共服务均等化等工作。会议讨论并原则通过《山东省推进基本公共服务均等化"十三五"规划》。

7月22日　《山东省文化领域供给侧结构性改革实施方案》发布，计划到2020年文化产业成支柱性产业。

7月22日　全省环境保护突出问题综合整治攻坚动员大会在济南召开。会议强调要坚决打好环境保护攻坚战、持久战，还人民群众蓝天白云、绿水青山。

7月23日　全省国有企业改革发展工作会议在济南召开。会议全面落实党中央关于国企国资改革发展一系列重要决策部署，研究部署了山东国有企业改革发展工作，要求在践行新发展理念、推进供给侧结构性改革和加快新旧动能转换中充分发挥国有企业的重要作用，为加快由大到强战略性转变提供强大支撑。28日，省委、省政府印发《关于加快推动国有企业改革的十条意见》。

7月24日　省委、省政府在济南召开支持非公有制经济健康发展工作会议。会议提出，着力凝聚非公有制经济发展新共识，着力拓宽非公有制经济发展新空间，着力破解非公有制经济发展新问题，着力培育非公有制经济发展新生态，力争经过几年努力，非公有制经济在全省经济中的比重明显提高，发展质量和效益明显提升，发展活力和竞争力明显增强，为山东创新发展、持续发展、领先发展提供战略支撑。9月5日，省委、省政府印发《关于支持非公有制经济健康发展的十条意见》。

8月1日　经国务院同意，《山东省黄河滩区居民迁建规划》由国家发展改革委正式印发。

8月1日　省委办公厅、省政府办公厅印发《关于深化放管服改革进一步优化政务环境的意见》，部署开展了削权减证、流程再造、精准监管、体制创新、规范用权"五大行动"。4日，全省深化放管服改革进一步优化政务环境工作电视会议在济南召开。

8月2日　省委、省政府重点工作推进情况视频会议在济南召开。会议主题是，全面贯彻习近平总书记系列重要讲话精神特别是关于生态文明建设的重要讲话精神，按照省第十一次党代会部署要求，坚持科学的思想方法和工作方法，推动全省生态环境保护和整治工作，坚决打赢环境整治攻坚战。

8月3日—4日　全省脱贫攻坚推进会在菏泽召开。会议深入学习贯彻习近平扶贫开发战略思想和关于脱贫攻坚的新指示、新部署、新要求，要求坚持精准扶贫精准脱贫基本方略，强化问题导向，确保全省贫困地区和贫困群众一道迈入全面小康社会。

8月4日　省政府印发《山东省推进基本公共服务均等化"十三五"规划》。

8月9日　省委编办印发《关于调整省推进黄河滩区脱贫迁建专

项小组办公室有关事项的批示》，将省推进黄河滩区脱贫迁建工作专项小组办公室由省扶贫办调整至省发展改革委，并调整专项小组成员，明确省推进黄河滩区脱贫迁建工作专项小组职责任务、工作架构和运行机制，配齐配强工作力量。

8月10日—9月10日 中央第三环境保护督察组进驻山东开展环境保护督察。12月26日，督察组将督察发现的15个生态环境损害责任追究问题移交山东，要求依规依纪依法进行调查处理。根据查明的事实和有关规定，省委、省政府研究决定，按照干部管理权限对163名责任人严肃问责。

8月14日—17日 山东代表团在香港成功举办2017香港山东周系列活动。本届活动的主题为"汇聚全球优质资源，助推新旧动能转换"。15日，山东省新旧动能转换重大工程推介会在香港会议展览中心举行。这是山东省新旧动能转换重大工程首次在港宣传推介。推介会上集中签署42个重大合作项目，协议外资额124.6亿美元。

8月16日 《山东省智能制造发展规划（2017—2022年)》印发，明确到2022年，传统制造业重点领域将基本实现数字化制造，有条件、基础好的重点产业和企业基本实现智能化转型，全省制造业数字化、智能化水平达到国内领先水平。

8月20日—23日 国务院扶贫办、国家公务员局在淄博市举办全国脱贫攻坚培训研讨班。其间举办"我眼中的脱贫攻坚"——淄博脱贫攻坚展。

9月5日 《山东省环境保护约谈办法》出台。由省政府制定环境保护约谈制度，在全国属于首例。

9月6日—8日 以"丝路筑梦 绿色山东"为主题的山东活动周在阿斯塔纳世博会举行。山东省各方尤其是近百家品牌企业，抢抓住了阿斯塔纳世博会的历史机遇，以中国馆山东活动周为平台，以哈萨克斯坦为支点，大举开拓中亚市场。

9月14日　2017绿色制造国际会议在潍坊高新区召开。领域内国内外知名专家、学者和重点企业代表共同交流各种新理念、新方法、新技术，促进绿色制造技术、标准、产品和服务协同发展。

9月19日　国家食品药品监督管理总局与山东省人民政府在济南签订食品药品安全战略合作协议。根据协议，双方将在保障食品药品安全、推进食品药品产业健康发展等方面加强合作。

9月20日—21日　第八届世界儒学大会在曲阜举行。来自34个国家和地区、100多个儒学研究机构与学术团体的600多位专家学者及嘉宾，围绕"儒家思想与人类命运共同体"主题进行交流。

9月22日—23日　全国扶贫车间现场会在菏泽召开。

9月24日　全省美丽乡村建设现场会议在沂南县召开。会议研究部署全省做好新形势下美丽乡村建设各项工作，提出要以美丽乡村建设为"三农"工作的总统领总抓手，与脱贫攻坚紧密融合，坚持先难后易，突出问题导向，强化政策措施，实行重点突破，加快美丽乡村建设。

9月25日—30日　省十二届人大常委会第三十二次会议在济南召开。会议通过《山东省人民代表大会常务委员会关于修改〈山东省节约能源条例〉等八件地方性法规的决定》《山东省人民代表大会常务委员会关于废止〈山东省城乡集贸市场管理条例〉的决定》《山东省法治宣传教育条例》《山东省建设工程抗震设防条例》《山东省水资源条例》。

9月26日　全省开放型经济发展大会在济南召开。会议主题是深入学习贯彻习近平总书记系列重要讲话特别是"7·26"重要讲话精神和视察山东重要讲话、重要指示批示精神，全面落实中央关于扩大开放的决策部署，研究推进山东新一轮高水平对外开放工作，充分有效利用两种资源、两个市场，努力塑造开放型经济发展新优势，为在全面建成小康社会进程中走在前列、加快建设经济文化强省提供强大动力。

9月27日　全省秋冬季大气污染综合治理攻坚行动电视会议在济南召开。会议主要任务是安排部署全省秋冬季大气污染综合治理攻坚行动，动员全省上下迅速行动起来，奋力克难攻坚，坚决打好"蓝天保卫战"。

9月29日　全国首例光伏路面示范区在济南揭幕。该项目由齐鲁交通发展集团投资建设，自2016年12月启动，采用承载式光伏路面技术，于2017年9月完成660平方米路面的铺设并实现并网发电，是我国首例光伏路面试验段，也是全球首条全路幅宽度铺设的光伏路面。

10月11日—14日　党的十八届七中全会在北京举行。会议讨论并通过党的十八届中央委员会向中国共产党第十九次全国代表大会的报告、党的十八届中央纪律检查委员会向中国共产党第十九次全国代表大会的工作报告、《中国共产党章程（修正案）》，决定将这3份文件提请中国共产党第十九次全国代表大会审查和审议。10月15日，省委召开省级党员领导干部会议，传达学习党的十八届七中全会精神，强调坚定不移贯彻落实以习近平同志为核心的党中央各项决策部署，以实际行动迎接党的十九大胜利召开，切实学习好、宣传好、贯彻好、落实好党的十九大精神。

10月18日—24日　中国共产党第十九次全国代表大会在北京举行。习近平代表第十八届中央委员会向大会作了题为《决胜全面建成小康社会，夺取新时代中国特色社会主义伟大胜利》的报告。报告分析了国际国内形势发展变化，回顾和总结了过去5年的工作和历史性变革，作出了中国特色社会主义进入新时代，我国社会主要矛盾已经转化为人民日益增长的美好生活需要和不平衡不充分的发展之间的矛盾等重大政治论断。深刻阐述了新时代中国共产党的历史使命，确立了习近平新时代中国特色社会主义思想的历史地位，提出了新时代坚持和发展中国特色社会主义的基本方略。确定了决胜全面建成小康社会、开启全面建设社会主义现代化国家新征程的目标，对新时代推进中国特色社会主义伟大事业和党的建设新的伟大工程作出了全面部署。大会通过的《中国共产党章程（修正案）》，把习近平新时代中国特色社会主义思想同马克思列宁主义、毛泽东思想、邓小平理论、"三个代表"重要思想、科学发展观一道确立为党的指导思想并载入党章。

10月21日　省委书记、省扶贫开发领导小组组长在单县主持召开脱贫攻坚专题座谈会。省扶贫办、省发展改革委、人民银行济南分行和菏泽市、单县主要负责同志参加会议。

10月26日　省委常委会在济南召开会议，传达学习党的十九大精神，对学习宣传贯彻党的十九大精神进行了研究部署。同日，省委先后召开省级党员领导干部会议、全省领导干部会议，传达学习党的十九大和十九届一中全会精神，要求以习近平新时代中国特色社会主义思想武装头脑、统一思想、指导实践，迅速兴起学习宣传贯彻党的十九大精神的热潮。10月30日至31日，省委十一届二次全体会议在济南召开。会议审议通过《中共山东省委关于深入学习贯彻党的十九大精神的决议》。在省委的统一部署下，全省掀起学习贯彻党的十九大精神的热潮。

10月26日　山东省节能环保产业发展联盟成立。联盟有400余家会员单位，260余位专家委员会专家，20余家技术支撑单位及多家产业发展基金单位。会员涵盖高效节能、先进环保、资源循环利用、新能源新材料、新能源汽车等领域。

11 月 4 日　省委、省政府印发《关于推进新一轮高水平对外开放的意见》。《意见》提出，深入贯彻落实习近平新时代中国特色社会主义思想，认真学习领会习近平总书记视察山东重要讲话、重要指示批示精神，进一步扩大全省对外开放层次水平，深入推进新旧动能转换重大工程，开创经济文化强省建设新局面。

11 月 7 日　以"新动能、新制造、新经济"为主题的 2017 世界互联网工业大会在青岛开幕。工信部信息化和软件服务业司、山东省经济和信息化委员会、青岛市人民政府三方共同签署《部省市协同开展中国软件名城创建工作合作备忘录》，标志着青岛成为中国软件名城新创建办法实施后的首个试点城市。

11 月 14 日　第五届全国文明城市名单发布，济南市等 9 个市荣膺第五届全国文明城市。山东获评城市占据全国文明城市榜单前列。在第五届全国文明城市评选中，济南市，日照市和莱芜市两个地级市，胶州市、寿光市、莱州市、荣成市、乳山市、龙口市 6 个县级市当选全国文明城市。其中，济南市在省会城市序列排名第一，日照市在 30 个地级市排名第二，胶州市在 50 个县级市和县排名第一。

11 月 23 日　首届中国县域经济高峰论坛暨《中国县域经济发展报告（2017）》发布会在北京举行。山东省 21 个县（市）上榜 2017年全国综合竞争力百强县（市），即墨、龙口跻身 2017 年全国综合经济竞争力十强县（市），即墨、胶州跻身 2017 年全国投资潜力十强县（市）。

11 月 25 日　首届全国儒家文化国际传播（曲阜）论坛在曲阜举办。来自北京大学、中国人民大学、南京大学、山东大学等高校科研机构的 60 余位专家学者，围绕"新时代的儒家文化国际传播"主题进行深入研讨。

11 月 27 日—12 月 1 日　省十二届人大常委会第三十三次会议在

济南举行。会议通过《山东省促进科技成果转化条例》《山东省全民健身条例》《山东省禁毒条例》《山东省企业技术改造条例》《山东省青岛西海岸新区条例》《山东省人民代表大会常务委员会关于山东省应税大气污染物水污染物具体适用税额和同一排放口征收环境保护税的应税污染物项目数的决定》等。

11 月 30 日 省委全面深化改革领导小组召开第四次会议，传达学习十九届中央全面深化改革领导小组第一次会议精神，听取济南市构建开放型经济新体制综合试点试验情况汇报，通过《山东省侨联改革实施方案》《关于建立完善守信联合激励和失信联合惩戒制度加快推进社会诚信建设的实施意见》《关于加快实行以增加知识价值为导向分配政策的实施意见》《关于完善农村土地所有权承包权经营权分置办法的实施意见》《关于稳步推进农村集体产权制度改革的实施意见》《关于清理规范重点支出同财政收支增幅或生产总值挂钩事项的通知》《关于深化职称制度改革的实施意见》《关于加强耕地保护和改进占补平衡的实施意见》《关于深入推进安全生产领域改革发展的实施意见》《全省供销社综合改革情况报告》。

12 月 4 日 省委办公厅、省政府办公厅印发《关于清理解决拖欠农民工工资问题的通知》。

12 月 5 日 省委主要负责人在青岛主持召开专题座谈会，围绕深入学习贯彻党的十九大精神，贯彻落实习近平总书记视察山东重要讲话、重要指示批示精神特别是发展海洋经济重要讲话精神，加快推进海洋强省建设进行了深入座谈交流。

12 月 12 日 健康医疗大数据中心第二批国家试点启动仪式在济南举行。

12 月 15 日 省委办公厅、省政府办公厅印发《关于进一步强化政策措施推进深度贫困地区精准脱贫的实施意见》《关于省扶贫工作重点村加快建设美丽乡村的意见》《山东省脱贫攻坚责任制实施细则》。

12 月 20 日 省政府办公厅印发《关于加快新旧动能转换推进"两全两高"农业机械化发展的意见》。《意见》指出，到 2020 年，全省建成 50 个"两全两高"农业机械化示范县；到 2025 年，在全国率先建成"两全两高"农业机械化示范省。

12 月 25 日—26 日 全省经济工作暨金融工作会议在济南召开。会议总结党的十八大以来全省经济工作，研究部署明年经济工作和今后一个时期金融工作任务。省委书记出席会议并讲话，省长作总结讲话。

本年 全省共减贫 83.2 万人，其中国标 33.4 万人，省标 49.8 万人。截至年底，全省还有建档立卡贫困户 17.2 万人，其中国标 8.1 万人，省标 9.1 万人。

本年 山东省深入推进财税体制改革，在教育、卫生计生、交通运输等领域先行试点财政事权与支出责任划分，并形成了推进全省改革的指导意见。转移支付项目由 2013 年的 243 项压减到 61 项，在全国率先建立财政信息公开"五项清单"。

本年 山东农产品出口总值突破 1100 亿元大关，达到 1152.5 亿元，同比增长 7.2%，占全国农产品出口的 22.7%，连续 19 年居全国首位。

二〇一八年

1月3日　国务院正式批复《山东新旧动能转换综合试验区建设总体方案》，同意设立山东新旧动能转换综合试验区。这是党的十九大后获批的首个区域性国家发展战略，也是全国第一个以新旧动能转换为主题的区域发展战略。山东新旧动能综合试验区位于山东省全境，以济南、青岛、烟台为核心城市，形成三核引领、区域融合互动的新旧动能转换总体布局。

1月9日　省政府发布《曲阜优秀传统文化传承发展示范区建设规划》，示范区包括曲阜、邹城、泗水3个市（县）在内、面积3631平方公里的核心区，以及协作区和联动区，目标是建成具有国际影响力的首善之区和世界东方精神家园。

1月9日　省政府办公厅出台《关于加快推进农业供给侧结构性改革大力发展粮食产业经济的实施意见》，提出以加快粮食产业新旧动能转换、增加绿色优质粮食产品供给、保障粮食质量安全和带动农民持续增收为重点，大力发展粮食产业经济。

1月9日　省政府办公厅出台《山东省节能奖励办法》，确定2018年至2023年，每年评选一次节能成绩显著的单位及成果，给予最高100万元的奖励。

1月12日　国家发展改革委正式印发《山东新旧动能转换综合试验区建设总体方案》。同日，山东省召开新旧动能转换基金推介会暨签约仪式，设立6000亿元规模新旧动能转换基金，充分发挥财政资金的杠杆放大和引导作用，吸引金融和社会资本加大对新旧动能转换重点领域投入。

1月12日 省政府印发《关于在国家级功能区开展"证照分离"改革试点的实施意见》，明确在全省29个国家级功能区开展"证照分离"改革试点，在103项行政许可等事项范围内自主选择复制推广，其中凡是企业能够自主决策的经营活动，直接取消行政审批，或改为备案管理。11月8日，省政府发布《关于在全省全面推开"证照分离"改革的通知》。至此，"证照分离"工作正式在全省全面推开。

1月13日 全省扶贫开发工作会议在济南召开。会议强调，各级各部门要提高政治站位，聚焦重点难点，坚持现行扶贫标准，把握攻坚节奏，激发贫困群众内生动力，实现脱贫攻坚与乡村振兴有效融合，把开发性扶贫与保障性扶贫结合起来，更加注重脱贫质量，更加注重增强贫困群众获得感，因人因户精准施策，确保2018年基本完成脱贫攻坚任务。

1月13日—14日 全省农村工作会议在济南召开。会议认真落实中央农村工作会议精神，总结了党的十八大以来全省农业农村工作，对实施乡村振兴战略进行了全面部署。同月，省委、省政府出台《关于贯彻落实中央决策部署实施乡村振兴战略的意见》。

1月18日 山东发布国内首个《精准扶贫 扶贫车间》地方标准，2018年1月29日起实施。该标准明确政府推动、市场运作等四项基本原则，规定扶贫车间建设用地、选址、建筑结构及质量要求等规划建设要求，以及扶贫车间运营基础、生产管理、产品质量管理、营销管理、人力资源管理等运营管理要求，厘清县、乡两级政府职责和村"两委"职责等。

1月20日 山东在全国率先构建省级《绿色发展指标体系》，作为开展生态文明建设目标考核评价的基本依据。

1月22日 省委十一届三次全体会议在济南举行。会议审议通过新修订的《中国共产党山东省委员会工作规则》，审议《山东省新旧动能转换重大工程实施规划》《关于推进新旧动能转换重大工程的实施意见》。

1月23日 省委、省政府印发《关于加强耕地保护和改进占补平衡的实施意见》。

1月25日—2月1日 省十三届人大一次会议在济南举行。会议审议通过的政府工作报告对过去5年的工作进行全面总结，明确下一个5年的工作重点，要求牢牢把握走在前列的目标定位，全面开创新时代现代化强省建设新局面，同时明确2018年的工作任务：一是深化改革开放强化创新驱动，加快推动新旧动能转换；二是突出抓重点补短板强弱项，坚决打好三大攻坚战；三是提高保障和改善民生水平，让改革发展成果更多更公平惠及全省人民。

2月2日 山东省人民政府与国家海洋局在济南签署共同推进实施山东省新旧动能转换重大工程战略合作框架协议。根据协议，山东省人民政府与国家海洋局将在海洋经济创新示范、海洋生态文明建设、海洋科技创新与对外交流合作等方面开展合作。

2月3日 省政府办公厅出台《关于支持社区居家养老服务的若干意见》，确定加快建设以家庭为核心、社区为依托、信息化为手段、专业化服务为支撑的社区居家养老服务体系。2018年，每个县（市、区）要建成2处示范性社区养老服务中心，至少引进或培育1家社区居家养老专业服务组织。

2月3日 山东省监察委员会挂牌成立。省监察委员会挂牌成立，标志着山东省、市、县三级监察体系组建完成，实现对行使公权力的公职人员监察全面覆盖，监察对象由62.7万人增加到215.2万人。

2月6日　省委政法工作会议暨扫黑除恶专项斗争会议在济南召开。会议对扫黑除恶专项斗争进行了部署，全省扫黑除恶专项斗争全面展开。8月30日，中央扫黑除恶第五督导组进驻山东，开展扫黑除恶专项斗争督导工作。截至2018年底，全省打掉涉黑组织83个、恶势力犯罪集团381个。

2月6日　全省食品安全示范城市和农产品质量安全县创建（"双安双创"）工作电视会议在济南召开。会议要求全力推进"双安双创"工作，全域提升食品安全工作水平，到2020年所有市县全部创建成为省级以上食品安全市县、所有涉农市县全部创建成为省级以上农产品质量安全市县，努力打造食品安全放心省。

2月11日　省委、省政府印发《"健康山东2030"规划纲要》。

2月21日　省政府办公厅印发《山东省实施新一轮高水平企业技术改造三年行动计划（2018—2020年)》，提出力争到2020年，全省万元GDP能耗比2015年降低17%。

2月22日　省委、省政府在济南召开山东省全面展开新旧动能转换重大工程动员大会。会议明确山东建设新旧动能转换试验区的目标要求，要求力争一年全面起势、三年初见成效、五年取得突破、十年塑成优势，逐步形成新动能主导经济发展的新格局。会议动员全省各级各部门、广大党员干部和各方力量，思想再解放、改革再深入、工作再抓实。

2月24日　省政府召开常务会议，研究贯彻落实全面展开新旧动能转换重大工程动员大会精神的具体措施，审议并原则通过《山东省高端石化产业发展规划（2018—2025年)》《山东省实施道路交通安全责任制规定（草案)》《山东省公共信用信息管理办法（草案)》。

2月26日　省政府召开创建全国医养结合示范省启动会议。此前，省政府办公厅于24日出台的《山东省创建全国医养结合示范省工作方案》提出，到 2018 年底，家庭医生签约服务力争覆盖 70% 以上的常住老年人群，90% 以上的医疗机构为老年人提供就医绿色通道，80% 以上的养老机构提供医疗护理服务。到 2020 年底，以居家为基础、社区为依托、机构为补充、医养相结合的服务体系全面建成。

2 月 27 日—28 日 全省推进农业"新六产"发展现场会暨"两区"划定工作会议在潍坊召开。

3 月 6 日 第十三届中国（山东）国际装备制造业博览会在济南举办，全省农机装备研发创新计划扶持研发的 70 多个产品在博览会上展出。

3 月 8 日 中共中央总书记、国家主席、中央军委主席习近平参加十三届全国人大一次会议山东代表团审议并发表重要讲话。习近平总书记充分肯定党的十八大以来山东的工作并要求在全面建成小康社会进程中、在社会主义现代化建设新征程中走在前列，全面开创新时代现代化强省建设新局面。关于实施乡村振兴战略，习近平总书记指出，实施乡村振兴战略，是党的十九大作出的重大决策部署，是决胜全面建成小康社会、全面建设社会主义现代化国家的重大历史任务，是新时代做好"三农"工作的总抓手。农业强不强、农村美不美、农民富不富，决定着全面小康社会的成色和社会主义现代化的质量。要深刻认识实施乡村振兴战略的重要性和必要性，扎扎实实把乡村振兴战略实施好。习近平总书记还强调，海洋是高质量发展战略要地。要加快建设世界一流的海洋港口、完善的现代海洋产业体系、绿色可持续的海洋生态环境，为海洋强国建设作出贡献。习近平总书记还结合代表发言，就"功成不必在我"、红色基因传承等观点进行阐发。3月 9 日，省委发出通知，要求全省深入学习贯彻习近平总书记重要讲话精神，切实用讲话精神统一思想、凝聚共识，汇集各方面智慧和力量，确保习近平总书记对山东工作的重要指示要求落到实处、见到实效。"两个走在前列，一个全面开创"成为山东经济文化强省建设新的目标定位。

3月10日 省委印发《中共山东省委巡视工作规划（2018—2022年)》，提出每年巡视70个左右党组织，省委一届任期内完成巡视全覆盖，并"回头看"30个左右党组织。《规划》把"两个维护"作为巡视巡察工作的根本政治任务，强调巡视巡察工作要切实担负维护习近平总书记核心地位、维护党中央权威和集中统一领导的重大政治责任。

3月14日 省科技厅印发《科技创新支持新旧动能转换的若干措施》，提出围绕海洋科技、现代农业、新能源新材料等山东新旧动能转换的"十强"产业，每年在每个产业领域重点梳理3—5个技术链条，支持100项重大攻关项目；对重大研发项目给予最高1000万元配套支持等31条措施。目标是到2020年，科技进步贡献率达到61%左右，高新技术企业超过1万家，高新技术产业产值占规模以上工业总产值的比重达到38%以上。

3月22日 省政府办公厅发出《关于进一步完善集体林权制度的通知》。山东力争到2020年，基本建立起归属清晰、权能完整、流转顺畅、保护严格的农村集体林业产权制度，形成集体林业良性发展机制。

3月30日 全国首个协同式集成电路制造（CIDM）项目在青岛西海岸新区签约，项目投资约150亿元。该项目的签约落户，提升高端制造业核心配套率，支撑青岛市乃至山东省家电、汽车、机械制造等产业转型升级和创新发展。

3月31日 省政府办公厅出台《关于进一步做好"四好农村路"工作的实施意见》，明确深入推进全省"四好农村路"建设，深化农村公路体制机制改革，投资450亿元组织开展农村公路"三年集中攻坚"专项行动。计划到2020年，新建改造农村公路3.4万公里，具备条件的自然村全部通公路，农村公路列养率保持100%，具备条件的行政村全部通客车，农村客运公交化改造比例达到75%以上，物流服务网点覆盖率达到90%以上。

3月 省城镇化工作领导小组办公室出台《加快推进新型城镇化建设行动实施方案（2018—2020年)》，提出加快推进农业转移人口市民化，全面放开对高校毕业生、技术工人、职业院校（含技工院校）毕业生、留学归国人员的落户限制。青岛市要全面取消购房面积、投资纳税等落户限制。推进都市区一体化发展，以济南、青岛两个城市为核心，协同周边城市，培育发展济南都市圈和青岛都市圈。坚持设施先行、错位发展、共建共享的原则，协同推进烟威、临日、东滨、济枣菏四个都市区空间布局、基础设施、产业发展、要素市场、公共服务、体制机制等6个一体化，培育发展高度同城化的都市区。

4月4日 科技部与山东省人民政府省部共建国家重点实验室专题协商会议在济南召开。双方一致同意共建齐鲁工业大学（山东省科学院）生物基材料与绿色造纸国家重点实验室、青岛大学生物多糖纤维成形与生态纺织国家重点实验室。省部共建生物多糖纤维成形与生态纺织国家重点实验室建设工作签署了会议纪要。这是山东第一个省部共建国家重点实验室。

4月4日 省委办公厅、省政府办公厅出台《关于加快构建政策体系培育新型农业经营主体的实施意见》。《意见》提出，到2020年，基本建立符合市场运行规则和产业升级规律，与各级政府财政收入及新型农业经营主体发展需求相适应，框架完整、配套协调、措施精准、机制有效的政策支持体系。

4月11日—14日 山东省代表团到重庆市调研对接扶贫协作工作，出席山东·重庆扶贫协作联席会议，考察山东省扶贫协作项目，并看望山东省扶贫协作重庆全体挂职干部、支教教师代表。

4月21日 菏泽市荣获"2018中国扶贫榜样——十佳精准扶贫创新城市"优秀案例。菏泽市是全省脱贫攻坚的主战场和决战场。自2013年底以来，菏泽市以创新思维抓脱贫攻坚，首创"三张地图"，创立"双向承诺"制，创办"扶贫车间"，创设"两项保险"，创新"四认领"社会扶贫模式，创新"就地就近筑村台"模式，创推"双联双创"活动，创建"横到边、纵到底"的扶贫工作体系。

4月25日 省委常委会在济南召开会议，深入学习贯彻习近平总书记关于乡村振兴和美丽乡村建设的重要指示精神，审议山东省乡村振兴有关规划方案，研究部署下一步工作。

4月25日 省委办公厅、省政府办公厅联合印发《山东省在湖泊实施湖长制工作方案》，明确2018年9月底前全面实施湖长制，将实施湖长制纳入全面实行河长制工作体系，实现河流与湖泊的管理保护有机结合，同步部署、同步实施、同步考核。同时，全省水库、湿地一并纳入湖长制实施范围，实现河、湖、水库、湿地一体化管理。

4月27日 省委、省政府重点工作推进落实情况视频会议在济南召开。会议要求，深入学习贯彻习近平总书记在山东代表团审议时的重要讲话精神和全国"两会"精神，深入动员全省各级各方面，全力打造乡村振兴的齐鲁样板，推动习近平总书记重要指示要求在齐鲁大地落地生根、开花结果。

4月27日 助力新旧动能转换国家健康医疗大数据北方中心签约仪式在济南举行。国家卫生健康委与山东省人民政府、济南市人民政府签署共建国家健康医疗大数据北方中心合作框架协议。山东省、济南市分别成为全国首家被国家卫生健康委授予健康医疗大数据的采集、存储、开发利用、安全保障、开放共享、管理、互联网＋服务及运营等权责的试点省、试点市。济南市成为全国首个启动国家健康医疗大数据中心建设的试点城市。

4月30日 省委、省政府出台《山东省乡村振兴战略规划（2018—2022年)》，同时编制实施产业、人才、文化、生态、组织"五个振兴"专项工作方案。《规划》以习近平总书记对乡村振兴战略的重要指示精神为遵循，聚焦为全国乡村振兴提供可复制可推广可持续的"山东方案"，把标准化的理念贯穿乡村振兴全过程，选择10个县（市、区）、100个乡（镇、街道）、1000个村，开展"十百千"示范工程，实施美丽村居"四一三"行动，着力打造生产美产业强、生态美环境优、生活美家园好"三生三美"的乡村振兴齐鲁样板。

5月10日 山东海洋强省建设工作会议在青岛举行。会议深入学习贯彻习近平新时代中国特色社会主义思想，认真贯彻落实习近平总书记海洋强国战略思想和"要更加注重经略海洋"的重要指示精神，增强全省上下关心海洋、认识海洋、经略海洋的意识，树立世界眼光，坚持陆海统筹，深化改革开放，努力在发展海洋经济上走在前列，加快建设新时代海洋强省。

5月12日 省委办公厅、省政府办公厅印发《关于进一步深化医药卫生体制改革的意见》，对坚持正确的医改方向、着力推进分级诊疗制度建设等10个方面提出31项改革举措和86项重点任务，在一系列影响医改进一步深化、影响新型健康服务体系建设的问题上取得重大突破。

5月15日 省政府办公厅出台《关于加快学前教育改革发展的意见》。《意见》提出，科学制订发展规划，实施城镇幼儿园建设工程，开展城镇居住区幼儿园配建排查整改，实施农村幼儿园建设与提升工程，大力支持民办幼儿园发展，实施普惠性民办幼儿园扶持计划，实行"优质园＋"办园模式等。

5月15日 省发展改革委和省旅游发展委联合出台《山东省全域旅游发展总体规划（2018—2025年)》。《规划》提出从海滨旅游、示范城市与区域旅游、乡村旅游、康养旅游、红色旅游、工业旅游、研学旅游、低空旅游、体育旅游、自驾车旅游、文化遗产与博物馆旅游、生态旅游等 12 个方面进行重点开发和建设。

5 月 16 日 省政府办公厅发出《关于实施造林绿化十大工程的通知》，明确提出自 2018 年起在全省实施造林绿化"十大工程"，确保实现到 2020 年全省森林覆盖率达到 20% 的目标。

5 月 17 日 省委、省政府印发《山东海洋强省建设行动方案》。《方案》确定深入实施海洋科技创新行动、海洋生态环境保护行动、世界一流港口建设行动、海洋新兴产业壮大行动、海洋传统产业升级行动、智慧海洋突破行动、军民深度融合行动、海洋文化振兴行动、海洋开放合作行动、海洋治理能力提升行动"十大行动"，以建设现代化海洋产业体系为目标，以做强沿海、远海、深海产业为重点，构建"龙头引领、湾区带动、海岛协同、半岛崛起、全球拓展"的总体格局，大力推进青岛海洋科学与技术试点国家实验室、中科院海洋技术研究中心建设，推动海洋大省向海洋强省战略性转变。

5 月 17 日 山东省人民政府与中信集团在济南签署战略合作协议。双方将在综合金融服务、资源能源、环保、高端制造等领域深化合作，助力山东加快实施新旧动能转换重大工程。

5 月 18 日 全省抓党建促乡村振兴工作会议在菏泽召开。会议强调，全省各级党组织要发挥党的政治优势组织优势，夯实乡村振兴组织基础；坚持抓党建促脱贫攻坚，补齐乡村振兴短板；持续推动抓党建促村级集体经济发展，为乡村振兴提供物质保障；加强组织领导，统筹资源力量，凝聚抓党建促乡村振兴强大合力。

5 月 22 日 省政府召开加快推进美丽村居建设专题会议。会议强调，要全面落实习近平总书记参加十三届全国人大一次会议山东代表团审议时重要讲话精神，始终坚持以人民为中心的发展思想，围绕实施乡村振兴战略和打造乡村振兴齐鲁样板，加快推进美丽村居建设。

5 月 26 日　省委办公厅、省政府办公厅出台《山东省农村人居环境整治三年行动实施方案》。根据《实施方案》，全省农村人居环境整治分年度有序推进，实现"一年提标扩面、两年初见成效、三年全面提升"。总体匡算投资 1500 亿元，通过争取国家支持补一块、省市县财政拿一块、政府债券筹一块、社会资本融一块、集体经济投一块、群众自筹掏一块"六个一块"的方式，多渠道筹集建设资金。

5 月 30 日　省政府出台《关于鼓励社会力量兴办教育促进民办教育健康发展的实施意见》，明确实行民办教育全链条审批，实现民办教育相关审批事项一站式办结，提高服务效率。

5 月 30 日—31 日　全省生态环境保护大会暨"四减四增"(减少过剩和落后产业，增加新的增长动能；减少煤炭消费，增加清洁能源使用；减少公路运输量，增加铁路运输量；减少化肥农药使用量，增加有机肥使用量) 三年行动动员大会在济南召开。会议动员全省力量，坚决打好污染防治攻坚战，深入推进"四减四增"工作，着力抓好中央环保督察整改落实。

6 月 7 日　省委办公厅、省政府办公厅出台《关于深化"一次办好"改革深入推进审批服务便民化实施方案》，要求政府要向企业和群众提供"店小二""保姆式"服务，实行"马上办、网上办、就近办、一次办"，不论"见面不见面""跑腿不跑腿""线上线下"都要实现"一次办好"。

6 月 10 日　上海合作组织成员国元首理事会第十八次会议在青岛国际会议中心举行，国家主席习近平主持会议并发表重要讲话。上海合作组织成员国领导人、常设机构负责人、观察员国领导人及联合国等国际组织负责人出席会议。与会各方共同回顾上海合作组织发展历程，就本组织发展现状、任务、前景深入交换意见，就重大国际和地区问题协调立场，达成广泛共识。

6月12日—14日 国家主席习近平出席上合组织青岛峰会后，在青岛、威海、烟台、济南等地，深入科研院所、社区、党性教育基地、企业、农村，考察党的十九大精神贯彻落实和经济社会发展情况，在许多方面作出重要指示。习近平总书记强调，海洋经济发展前途无量。建设海洋强国，必须进一步关心海洋、认识海洋、经略海洋，加快海洋科技创新步伐。要推动社会治理重心向基层下移，把更多资源、服务、管理放到社区，更好为社区居民提供精准化、精细化服务。要把生态文明建设放在突出地位，把绿水青山就是金山银山的理念印在脑子里、落实在行动上，统筹山水林田湖草系统治理，让祖国大地不断绿起来、美起来。一定要加强自主创新能力，研发和掌握更多的国之重器。习近平总书记指出，乡村振兴，人才是关键。要积极培养本土人才，鼓励外出能人返乡创业，鼓励大学生村官扎根基层，为乡村振兴提供人才保障。要加强基层党组织建设，选好配强党组织带头人，发挥好基层党组织战斗堡垒作用，为乡村振兴提供组织保证。要加快构建促进农民持续较快增收的长效政策机制，让广大农民都尽快富裕起来。14日下午，习近平总书记听取山东省委和省政府的工作汇报，对山东各项工作给予肯定，要求山东深入贯彻党的十九大精神和新时代中国特色社会主义思想，坚持稳中求进工作总基调，统筹推进"五位一体"总体布局、协调推进"四个全面"战略布局，全面做好稳增长、促改革、调结构、惠民生、防风险各项工作，打好"三大攻坚战"。习近平总书记强调，要坚持腾笼换鸟、凤凰涅槃的思路，推动产业优化升级，推动创新驱动发展，推动基础设施提升，推动海洋强省建设，推动深化改革开放，推动高质量发展取得有效进展。

6月19日 省政府批复正式设立长岛海洋生态文明综合试验区。

按照《长岛海洋生态文明综合试验区建设实施规划》，长岛将打造"碧海青山"国家品牌、"海上仙岛"度假胜地、"固防守疆"海岛样板。到2025年，基本建成长岛海洋生态文明综合试验区。

6月21日 山东省人民政府与国家统计局在济南签署《深化统计改革支持山东新旧动能转换统计监测战略合作框架协议》。

6月23日 省委办公厅、省政府办公厅印发《关于加快推进省级涉农资金统筹整合的实施意见（试行)》，在全省范围内启动涉农资金统筹整合改革。实行"自上而下"的整合，在省级层面将中央（部分）和省级涉农资金全面归并整合，设立乡村振兴重大专项资金，从源头上破解"上面不整合、下面整不动"的难题。

6月24日 省人才工作领导小组出台《关于实施"齐鲁工匠"建设工程的意见》，提出每年选树命名50名"齐鲁工匠"，从中再选树命名10名"齐鲁大工匠"，为新旧动能转换、现代化强省建设提供人才支撑。

6月25日 省政府出台《山东省医养健康产业发展规划（2018—2022年)》。《规划》是省新旧动能转换重大工程"十强"产业首个印发实施的专项规划，也是省历史上首个健康产业规划。基于山东各地不同的区位、交通和资源优势，《规划》提出构筑"三核三带多点"的医养健康产业发展格局，实现产业集聚、错位协同、均衡发展。

6月25日 2018·央企助力山东新旧动能转换座谈会在济南召开。会议贯彻落实新发展理念，以新时代、新动能、新山东为主题，聚焦新旧动能转换，深化央企与山东战略合作，推动山东高质量发展。

6月29日 中共中央宣传部授予兰陵县下庄街道代村社区党委书记、村委会主任王传喜"时代楷模"称号。此前，6月13日，省委宣传部决定授予王传喜"齐鲁时代楷模"荣誉称号。7月7日，省委作出《关于开展向"时代楷模"王传喜同志学习活动的决定》。

6月 山东出台新时代文明实践中心试点工作方案，提出以县域为主体，城乡统筹推进，以县（市、区）、乡镇（街道）、村（社区）三级为单元，充分发挥志愿服务作用，打通城乡公共文化服务体系的运行机制、文化科技卫生"三下乡"的工作机制、群众性精神文明创建活动的引导机制，大力建设新时代文明实践中心。

7月1日 省委、省政府出台《关于加强和完善城乡社区治理的实施意见》，将社区治理纳入省委科学发展综合考核指标体系和市、县、乡党委书记抓基层党建工作述职评议考核的重要内容，确保工作任务落地落实。

7月2日 全省农村宅基地所有权、资格权和使用权"三权分置"试点工作动员部署会议在济南召开。此前，省委办公厅、省政府办公厅印发《关于开展农村宅基地"三权分置"试点促进乡村振兴的实施意见》，探索建立农村宅基地有偿使用以及农村宅基地和农民房屋使用权放活方式。

7月2日 省扶贫开发领导小组办公室等9个部门、单位联合出台《山东省扶贫工作重点村创业致富带头人培育工作实施意见》。根据部署，创业致富带头人主要从2000个省扶贫工作重点村创业人员中选择，包括村"两委"成员、农村党员、农民专业合作社负责人，以及在外创办企业、务工有意愿回村创业的本土人才和企事业单位返乡创业人员等。

7月4日 省民政厅发布消息，济宁市被确定为全省唯一的农村困难家庭失能人员集中供养试点市。以兖州区、金乡县、汶上县先行试点，2500多名农村低保户和建档立卡贫困户中的失能老年人、重度残疾人符合条件，首批入住当地敬老院。试点主要任务在于探索符合全省实际的农村特殊困难家庭失能人员集中供养的经验做法和精准扶贫、兜底养老新路径，为全省制定政策措施提供依据。

7月7日 省委办公厅、省政府办公厅印发《关于加快县域经济健康发展转型发展的若干意见》。《意见》从深化改革开放、鼓励创新创业、加快动能转换、振兴乡村经济、优化要素配置、建立奖惩机制等方面提出具体政策措施。

7月7日 由省工商联、省发展改革委、省驻沪机构、上海市山东商会共同主办的"山东新旧动能转换重大工程上海推介对接招商大会"在上海召开。

7月10日 省政府办公厅印发《山东省美丽村居建设"四一三"行动推进方案》，提出到2020年，初步形成4大风貌区和10条风貌带，打造300个省级美丽村居建设试点。到2025年，全省形成多片立足乡土社会、体现现代文明、宜居宜业宜游的"鲁派民居"建筑群落，具有山东特色的现代版"富春山居图"基本绘就。10月21日，省政府办公厅印发通知，公布济南市章丘区文祖街道三德范村等56个村庄为山东省第一批美丽村居建设省级试点村庄。

7月11日 全省招商引资招才引智工作会议在济南召开。会议强调，要紧紧抓住招商引资、招才引智重大战略机遇，明确"十强"产业战略定位，用好综合试验区这块宝地，打造好投资创业环境，感召全国和全球的资本与人才；主动融入国家开放大局，把山东打造成为我国长江以北地区扩大开放的重要战略支点，打造成对外开放的体制机制高地、制度创新高地、法治保障高地、营商环境高地、人才高地、产业创新高地、文化涵养高地，产业链、资本链、人才链、创新链集聚优化、强化的高地。

7月20日 省政府出台《山东省新旧动能转换现代高效农业专项规划（2018—2022年)》，确定构建"四区引领、三园示范、三区同建"的农业新旧动能转换格局。

7月26日 省委、省政府印发《关于打赢脱贫攻坚战三年行动的实施意见》。《意见》提出"2018 年基本完成、2019 年巩固提升、2020 年全面完成"的脱贫攻坚目标，随后成立省扶贫开发领导小组，出台《打赢脱贫攻坚三年行动工作方案》，确定紧盯"黄河滩"、聚焦"沂蒙山"、锁定"老病残"，实施打赢脱贫攻坚战三年行动计划。到 2018 年底，省扶贫标准以下 17.2 万贫困人口全部脱贫。

7 月 省民政厅出台《关于推进深度贫困地区民政领域脱贫攻坚工作的实施意见》，要求通过科学制定农村低保标准、提高深度贫困地区农村特困人员集中供养率、扩大残疾人"两项补贴"覆盖面等举措，助推本省深度贫困地区脱贫攻坚工作。

8 月 2 日 山东省新旧动能转换基金签约仪式在济南举行，省新动能基金管理有限公司分别与华润资本、国新国际、中化资本、中国化工资产、中金资本、华侨城资本、长城资本、中国物流、中财荃兴、中金国泰等 10 家投资机构签订基金合作框架协议，涵盖高端装备、高端化工、医养健康、文化创意、精品旅游、现代金融等 6 大产业方向，基金签约规模达 650 亿元。

8 月 3 日 省政府出台《山东省打赢蓝天保卫战作战方案暨 2013－2020 年大气污染防治规划三期行动计划（2018－2020 年)》，提出到 2020 年，全省二氧化硫、氮氧化物排放总量分别比 2015 年下降 27% 以上，全省 $PM_{2.5}$ 年均浓度确保完成国家下达的改善目标，力争比 2015 年改善 35%，臭氧浓度逐年上升趋势得到明显遏制。

8 月 3 日 第二届中国国际太阳能十项全能竞赛在"中国太阳城"德州开幕。本届赛事由中国国家能源局、美国能源部共同发起，吸引 8 个国家和地区、34 所高校组成的 19 支队伍参赛，围绕"绿色生活，绿色发展"主题，坚持人与自然和谐共生理念，打造"未来阳光之家"，提供现代和未来低碳能源住宅的样板。

8 月 6 日－8 日 "青年企业家创新发展国际峰会 2018"在济南

举行。会议以"创富新时代、创领新动能"为主题，共有近 2000 名中外政界精英、专家学者、商界翘楚、青年名士和媒体代表参会。

8 月 16 日　省政府办公厅印发《关于加快全省智慧农业发展的意见》，提出到 2022 年，实现数据互联互通、产业融合发展、服务高效便捷的智慧农业发展目标，确保山东省在农业现代化进程中继续走在全国前列。

8 月 17 日　省政府办公厅发出《关于进一步推进物流降本增效促进实体经济发展的通知》，要求从加大物流放管服改革力度、降低物流税费成本、加强物流重点环节建设、推动智慧物流发展、促进产业融合发展、加强部门协调联动等 6 个方面深化物流供给侧结构性改革，加快培育物流发展新动能。

8 月 17 日　海阳核电 1 号机组首次并网成功，成为山东首个并网发电的核电机组。2019 年 1 月，海阳核电 2 号机组正式具备商运条件，标志着海阳核电一期工程全面建成投产，正式进入"双核时代"。

8 月 17 日—19 日　全省乡村振兴暨脱贫攻坚现场会议举行。会议以东中西分片现场观摩的方式，典型开路、解剖麻雀，总结经验、发现问题，深入交流、谋划措施，全力打造乡村振兴的齐鲁样板。与会人员到鄄城县、莘县、诸城市、淄博市临淄区、五莲县和青岛市西海岸新区，走村入户，开展现场调研。

8 月 23 日　省人力资源社会保障厅出台《推进乡村人才振兴若干措施》，提出创新乡土人才评价机制、实施乡土人才培育行动、招募"乡村振兴合伙人"、开展"雁归兴乡"返乡创业推进行动等 20 条具体措施。

9 月 5 日　省委、省政府出台《关于全面加强生态环境保护坚决打好污染防治攻坚战的实施意见》。《实施意见》明确，到 2020 年，全省生态环境质量持续改善，主要污染物排放总量大幅减少，各类工业污染源实现达标排放，突出生态环境问题基本解决，生态环境风险得到有效管控，生态保护红线全面落地，重要生态系统得到保护和修复，发展方式实现重大转变，新动能主导经济发展的新格局加快形成，绿色低碳循环发展水平大幅提升，生态文明制度体系基本建立，生态环境保护水平与全面建成小康社会目标相适应。

9月6日　省委、省政府出台《关于突破菏泽、鲁西崛起的若干意见》，指出鲁西地区的枣庄、德州、聊城、滨州、菏泽5个市是对接京津冀协同发展、长江经济带等国家战略的重点区域。

9月7日　省政府印发《山东省综合交通网中长期发展规划（2018—2035年）》，提出到2035年，全面形成"四横五纵"综合交通大通道和快捷高效的"1、2、3、12"综合交通圈。

9月9日　省政府办公厅印发《山东省农村集体产权制度改革试点方案》，提出在全省范围内开展农村集体产权制度改革整省试点工作，实现所有涉农村（居）全覆盖，并确保全省2018年底前基本完成清产核资，2020年10月底前基本完成农村集体产权制度改革。

9月10日　省司法厅发出《关于进一步深化公证领域"放管服"改革推进减证便民服务工作的通知》，公布全省"最多跑一次"公证服务事项清单，包括学历公证、学位公证、无（有）犯罪记录公证、不动产权证书公证等46项，以及试点公证机构名单。

9月13日　农业农村部、山东省人民政府以部省文件印发《潍坊国家农业开放发展综合试验区总体方案》。2017年7月，农业农村部认定首批10家境外农业合作示范区和10家农业对外开放合作试验区，潍坊入选首批试点试验区。2018年8月31日，国务院批复同意建设潍坊国家农业开放发展综合试验区。这是全国首个农业开放发展的综合性试验区。

9月13日　山东省人民政府与中国工商银行在济南签署支持山

东省新旧动能转换战略合作协议。根据协议，双方将在新旧动能转换"十强"产业、基础设施建设、重点民生工程、科技创新产业服务、普惠金融等方面深化合作。

9 月 14 日 省政府办公厅出台《山东省压缩企业开办时间工作实施方案》，提出 9 月 30 日前，实现新开办企业营业执照办理、公章刻制、银行开户、涉税办理、社保登记等事项 3 个工作日内完成。

9 月 14 日 山东省政务服务中心开始运行，标志着山东覆盖省、市、县、乡四级的政务服务体系形成。

9 月 18 日 山东省千名干部下基层工作动员部署会议在济南召开。经省委研究决定，山东共选派省直部门单位近千名党员干部，成立 100 个工作队，服务 17 个市、49 个县（市、区）、50 个乡（镇、街道）、250 个村、170 户民营企业和 30 户省属企业。

9 月 20 日 由外交部和山东省人民政府举办，以"新时代的中国：新动能 新山东 与世界共赢"为主题的外交部山东全球推介活动在外交部蓝厅隆重举行。158 个国家和国际组织的 240 多位驻华大使、外交官员，以及 110 多名中外记者，近 40 名国际知名中外企业代表，中央和地方有关部门代表共 500 多人参加。这是外交部首次对中国东部沿海省份进行全面而富有特色的推介。

9 月 21 日 省政府印发《支持实体经济高质量发展的若干政策》，从降本增效、创新创业、产业升级、招商引资、招才引智、金融支持、用地供应、制度保障 8 个方面推出 45 条举措。

9 月 26 日 省政府办公厅出台《山东省信息进村入户工程整省推进实施方案》。《方案》提出，通过开展益农信息社建设，到 2020 年实现全省广大农民群众享受公益服务、便民服务、电子商务和培训体验服务不出村，并与国家信息进村入户公益平台对接，有效解决信息进村入户最后一公里难题。

9月26日—27日 2018中国（曲阜）国际孔子文化节暨第五届尼山世界文明论坛在曲阜举行，来自25个国家和地区的500多位专家学者、嘉宾及中外媒体记者等参加开幕式。闭幕式上通过《第五届尼山世界文明论坛关于文明的相融与人类命运共同体主席声明》。

9月28日—30日 "儒商大会2018"在济南举办。大会以"大儒商道、至诚天下"为宗旨，以"新时代、新动能、新儒商、新愿景"为主题，来自国内外的1120名嘉宾参加。"十强"产业12场平行论坛共签订合同项目134个，合同总金额1930亿元。

9月29日 省政府办公厅出台《山东省农业"新六产"发展规划》《山东省农业"新六产"发展监测指标体系》。

9月30日 省民政厅、省财政厅、省扶贫办出台《关于在脱贫攻坚三年行动中切实做好社会救助兜底保障工作的实施意见》。《实施意见》提出，进一步完善城乡低保、特困人员救助供养、临时救助等保障性扶贫措施，将完全丧失劳动能力和部分丧失劳动能力且无法依靠产业就业帮扶脱贫的贫困人口按照规定纳入社会救助保障范围。

9月30日 全省2.46万户新增建档立卡贫困户危房改造全部竣工。2018年初，省住房城乡建设厅、省扶贫办、省民政厅、省残联等4个部门对全省4类重点对象（建档立卡贫困户、低保户、农村分散供养特困人员、贫困残疾人家庭）房屋进行逐户排查，确定2.46万户建档立卡贫困户改造任务，占年度全部改造任务的71.9%。

10月8日 省委十一届六次全体会议审议通过省委、省政府《关于山东省省级机构改革的实施意见》，标志着山东机构改革进入全面实施阶段。9日，山东省省级机构改革动员大会在济南召开。根据方案，改革后，省委、省政府机构共计60个，其中省委机构18个，省政府机构42个。12月3日，省委出台《关于市县机构改革的总体意见》，标志着山东省市县机构改革进入全面实施阶段。

10月17日 第二届"一带一路"国际农业科技合作高层论坛在济南开幕。

10月19日 全省医改工作电视会议召开。会议强调，要聚焦形成医改共识、分级诊疗制度建设、现代医院管理制度建设、全民医保制度建设、药品供应保障制度建设、综合监管制度建设6个方面抓深化、见实效。

10月26日—27日 山东省代表团赴重庆市，深入贯彻习近平总书记关于脱贫攻坚和东西部扶贫协作的一系列重要指示精神，学习重庆发展的好经验，深化鲁渝扶贫协作，推动各领域合作向纵深发展。

10月30日 山东省人民政府发展研究中心主办的首届"乡村振兴（山东）高峰论坛"在济南举行。国内"三农"领域13位资深专家发言。

10月31日 四列满载货物的列车分别驶出济南、青岛、淄博、临沂四大场站，发往莫斯科、塔什干、阿斯塔纳等"一带一路"沿线重要城市。此次开出的欧亚班列车头统一悬挂"齐鲁号"标识，意味着山东成功实现全省欧亚班列资源整合，进入班列统一品牌、统一班次、统一平台、统一支持、统一宣传的高质量发展新时代。这是全国首个省级欧亚班列统一运营平台。

11月1日 潍坊至日照高速公路潍城至日照段建成通车，往来潍坊至日照两个市的行车时间从原来的3个小时缩短到1.5个小时。至此，山东高速公路通车总里程突破6000公里，达到6057公里。这是继2015年山东高速公路通车里程突破5000公里后的又一里程突破。

11月2日 省委在济南召开民营企业家座谈会，听取对全省民营经济发展的意见建议，要求坚持"两个毫不动摇"，推出更加有力有效的举措，营造更好发展环境，开创山东民营经济发展的美好明天。14

日，省政府出台《关于支持民营经济高质量发展的若干意见》，聚焦民营企业反映突出的痛点、难点、堵点，推出6个方面35条政策。

11月6日 青岛地铁1号线海底隧道顺利贯通，这是国内首条地铁海底隧道，也是当时国内最深的海底隧道和最长的地铁海底隧道。

11月25日 由山东省委、中国社会科学院、光明日报社主办的"推进中华优秀传统文化创造性转化创新性发展"理论研讨会在曲阜举行。

11月26日—29日 省委、省政府举行推进新旧动能转换项目落地第一次现场观摩会，实地观摩威海、烟台、青岛、潍坊4个市自2017年以来特别是全省招商引资招才引智工作会议以来新上项目。2019年3月19日—23日，第二次现场观摩会举行，实地观摩日照、临沂、枣庄、济宁、菏泽、泰安6个市新旧动能转换新上项目。

11月28日 省民政厅、省财政厅出台《关于完善经济困难老年人补贴制度的通知》，确定将低保老年人分类施保、高龄津贴、护理补贴、服务补贴等统筹合并，建立困难老年人补贴制度，补贴对象为60—99周岁低保老年人。

11月30日 省政府办公厅出台《山东省打好饮用水水源水质保护攻坚战作战方案（2018—2020年)》，提出到2020年，全省饮用水水源水质保持稳定，水源地规范化建设水平显著提升，城市水源水质达到或优于三类比例高于98%；南水北调沿线国控断面水质优良比例不低于83.3%，省控重点河流消除劣五类水体，南水北调东线供水水质安全得到有效保障。

12月4日—7日 2018香港山东周在香港举办，本届活动的主题为"选择山东 共享机遇"。这次香港山东周，通过一系列走访、会见、座谈、恳谈等专题活动，全面介绍山东贯彻落实习近平总书记对山东工作重要指示要求的新进展新举措，推介新时代山东发展蕴含的新机遇，与香港各界达成广泛共识，推动鲁港在金融、科技、经贸、人才等领域的合作取得积极成效。

12 月 8 日　由全国党建研究会党建理论教学与研究专业委员会主办，潍坊市党建研究会、诸城市委承办的组织振兴推动乡村振兴专题研讨会在诸城召开。诸城是商品经济大合唱、贸工农一体化、农业产业化、中小企业产权制度改革、农村社区化等一系列改革创新经验的发源地。根据发展实际，该市发现新问题、探索新经验，深入推进农业融合化、农村社区化、农民职业化、人才专业化、环境生态化、党建全域化"三农六化"建设，构建起城乡融合发展新格局。

12 月 14 日　省委宣传部、省文化和旅游厅、省广播电视局联合出台《全省公共文化服务云平台建设工作方案》。《方案》提出，山东开发建设全省统一的"齐鲁文化云"总平台管理系统，架构省、市、县（市、区）、乡（镇、街道）、村（社区）五级全覆盖的公共文化数字服务网络。

12 月 16 日　省政府印发《关于进一步稳定和扩大就业的若干意见》。《意见》从坚持稳存量与扩增量相结合、转方式与调结构相结合、保重点与防风险相结合，围绕支持企业稳定就业、发展经济扩大就业、鼓励创业带动就业等 6 个方面，出台 20 条政策措施。

12 月 22 日　省委全面深化改革委员会召开第一次会议，审议通过《中共山东省委全面深化改革委员会工作规则》《中共山东省委全面深化改革委员会专项小组工作规则》《中共山东省委全面深化改革委员会办公室工作细则》《关于深化扩权强县改革促进县域经济高质量发展的十条措施》《关于深化省级预算管理改革的意见》《关于深化省以下财政管理体制改革的实施意见》《关于建立山东产业技术研究院推动创新发展的指导意见》《山东省团校改革方案》《贯彻落实〈关于加强人民调解员队伍建设的意见〉的十条措施》《山东省改革国有企业工资决定机制实施意见》。

12月23日　山东第一张高速公路复合通行卡在京沪高速港沟收费站发出，标志着山东推动取消高速公路省界收费站试点工作取得重要进展。28日下午3时起，山东正式取消鲁苏省界全部5个高速公路收费站，与江苏省高速公路正式联网运行。

12月24日　省政府办公厅出台《山东省打好农业农村污染治理攻坚战作战方案（2018—2020年)》，提出农业绿色生态发展、农村人居环境整治、农村生态环境保护与修复、农业农村生态环境监管4个方面的主要目标。

12月26日　济南至青岛高铁、青岛至盐城铁路同步开通运营，山东新增高铁营业里程约559.5公里，全省高速铁路运营里程达到1747公里，居全国第二位。济青高铁建成运营后，济南至青岛最快列车运行时间压缩至1小时40分，省内的2小时交通圈逐步成形。

12月26日—27日　全省经济工作会议在济南举行。会议确定，2019年要重点在加快新旧动能转换、打造乡村振兴齐鲁样板、加快建设海洋强省、推动军民融合深度发展、打好三大攻坚战、推进市场化改革和高水平开放、保障和改善民生上实现新突破。2019年要作为"工作落实年"，把2018年部署的各项工作向深处、向细处、向实处扎实推进。

12月28日　山东省鲁商乡村振兴产业基金启动仪式在济南举行。这是山东省首只乡村振兴产业基金。该基金计划用3年时间，投资500亿元，在山东打造50个乡村振兴样板村。

12月31日　习近平总书记就《大众日报》创刊80周年作出重要批示。《大众日报》创刊于1939年1月1日，是中国连续出版时间最长的党报。作为中共中央山东分局、中共中央华东局、中共山东省委机关报，《大众日报》创刊以来得到党和国家领导人的关怀厚爱。

二〇一九年

1月1日 济南轨道交通1号线建成通车,4月1日正式商业运营。这是济南首条轨道交通线。

1月7日 省法院发出《关于印发全面推进"一次办好"改革优化司法营商环境措施的通知》,提出推行网上立案、网上办案,建设24小时法院,严格落实"一次告知"制度等10项为民便民利民措施,让群众办理诉讼服务事项"不跑腿""少跑腿"。

1月8日—9日 全省农村工作会议、全省扶贫开发工作会议、全省扎实推进农村人居环境整治工作会议在济南召开。全省农村工作会议指出,做好今明两年"三农"工作,要以实施乡村振兴战略为总抓手,聚焦"五个振兴",深化农业供给侧结构性改革,在打造乡村振兴齐鲁样板上实现新突破,确保全面完成农村改革发展目标任务。全省扶贫开发工作会议指出,2018年,全省基本完成脱贫攻坚任务。2019年,要紧盯"黄河滩"、聚焦"沂蒙山"、锁定"老病残",坚持精准方略,推进开发式扶贫与保障性扶贫相结合,推进脱贫攻坚与实施乡村振兴战略相衔接,探索建立稳定脱贫长效机制。全省扎实推进农村人居环境整治工作会议指出,要认真学习借鉴浙江"千万工程"经验,把美丽乡村建设、农村人居环境整治、脱贫攻坚等紧密结合起来,一起谋划、一体推进,全面提升农村发展水平。

1月9日 全省领导干部会议在济南召开。会上宣读《国务院关于同意山东省调整济南市莱芜市行政区划的批复》。根据《批复》,

撤销地级莱芜市，其所辖区域划归济南管理，设立济南市莱芜区、钢城区。

1月13日—14日 省委十一届八次全体会议在济南举行。会议审议通过《关于进一步深化改革开放加快制度创新的决定》和《关于深化扩权强县改革促进县域经济高质量发展的十条措施》。

1月14日 山东"十强"产业资本对接活动在济南举行，400名投资精英、业界专家、项目代表参加。30个"十强"产业项目集中签约，总投资额99.95亿元。

1月16日 省政府发布《山东省女职工劳动保护办法》，自2019年3月1日起施行。

1月21日 省人力资源社会保障厅、省发展改革委、省财政厅联合出台《关于推进全方位公共就业服务的实施意见》，提出实行全民共享公共就业服务模式，健全全程衔接的服务功能，完善全域覆盖的服务体系。

1月22日 省委办公厅、省政府办公厅出台《关于促进全省移动互联网健康有序发展的实施意见》，明确山东加快布局5G网络，推动WIFI网络在公共场所和娱乐场所全覆盖，争取取得移动互联网核心技术的原创性重大成果。

2月3日 省政府印发《山东省农村人居环境整治村庄清洁行动实施方案》，对实施村庄清洁行动进行部署。村庄清洁行动的重点任务是"三清一改"，即清理农村生活垃圾、清理村内河塘沟渠、清理畜禽养殖粪污等农业生产废弃物，改变影响农村人居环境的不良习惯。

2月11日 省委、省政府在济南召开山东省"担当作为、狠抓落实"工作动员大会。会议以习近平新时代中国特色社会主义思想为指导，深入贯彻落实习近平总书记视察山东重要讲话、重要指示批示精神，全面部署推进"工作落实年"。会议指出，2018年山东突出顶层设计，形成了以"走在前列、全面开创"为目标，以新旧动能转换、乡村振兴、海洋强省、三大攻坚战、军民融合、打造对外开放新高地、区域协调发展、重大基础设施建设八大战略布局为支撑，以全面深化改革为保障，以全面从严治党为统领的整体发展格局。当前的主要任务是担当作为，狠抓落实，把"规划图"变成"施工图"，把"时间表"变成"计程表"，让蓝图成为现实。会议就如何担当作为、狠抓落实，提出了转变作风、扑下身子抓落实等 5 个方面的意见。

2月14日—18日 省十三届人大二次会议在济南召开。会议审议通过的政府工作报告提出，牢牢把握"走在前列、全面开创"总要求，加强党的领导，统筹推进"五位一体"总体布局，协调推进"四个全面"战略布局，坚持稳中求进工作总基调，坚持新发展理念，坚持推动高质量发展，坚持以供给侧结构性改革为主线，坚持深化市场化改革、扩大高水平开放，以新旧动能转换重大工程为引领，加快实施创新驱动发展战略，聚焦聚力推进乡村振兴、经略海洋、军民融合等工作重点，继续打好三大攻坚战，统筹推进稳增长、促改革、调结构、惠民生、防风险、保稳定工作，保持经济运行在合理区间，进一步稳就业、稳金融、稳外贸、稳外资、稳投资、稳预期，着力激发微观主体活力，加快塑造高质量发展新优势，促进经济持续健康发展和社会和谐稳定，以优异成绩庆祝中华人民共和国成立 70 周年。

2月16日 省委办公厅、省政府办公厅发布《关于抓好 20 项重点民生实事落实的工作方案》。《方案》确定 20 大项、55 小项民生重点任务。

2月24日 由中国社科院哲学研究所与潍坊市委、市政府等单位联合举办的"诸城模式""潍坊模式""寿光模式"与乡村振兴理论研讨会在北京召开。5 月 25 日至 26 日，"三个模式"在新时代的新实践调研座谈会在潍坊召开。

2 月 24 日 省生态环境厅印发《山东省海洋生态环境保护规划（2018—2020 年)》，将山东海域规划成自然保护地、海洋特别保护区、重要河口生态系统等 17 类 341 个分区进行分区管控，各分区实行不同的环境保护要求。

2 月 27 日 全省食品安全重点工作视频会议召开。会议指出，食品监管要重点保障"一老一少"的食品安全，"一老"是指面向老年人的保健食品安全，"一少"是指面向下一代的幼儿园、校园食品安全。在保健食品方面，要求结合整治"保健"市场乱象百日行动，打建结合，标本兼治。

3 月 1 日 鲁渝共建非遗扶贫培训成果展暨十万山东人游重庆活动启动仪式在济南举行。

3 月 2 日 省政府出台《关于推动"六稳"工作落地见效的若干意见》，推出 30 条措施，推进"六稳"工作部署落地见效。

3 月 8 日 全省打造乡村振兴齐鲁样板重点工作推进会议在济南召开。会议强调，要紧盯重点任务聚焦发力，抓住规划引领这个先导、"五个振兴"这个关键、资源要素这个保障、群众满意这个根本；要坚持五级书记抓乡村振兴，从层层负责、创新方法、典型示范、转变作风、健康有序等方面抓落实，不断在打造乡村振兴齐鲁样板上取得新进展。

3 月 8 日 2019 年山东省政府乡村振兴专项债券成功发行。本批专项债券是继土地储备专项债券、棚改专项债券后，山东省首次发行的乡村振兴专项债券，是山东省推进项目收益与融资自求平衡的地方政府专项债券的又一创新品种。

3 月 11 日 省政府办公厅出台《建立健全生态文明建设财政奖补机制实施方案》，设立主要污染物排放调节资金，统筹资金集中支持节能减排、大气、水、重点生态功能区、自然保护区等生态环境重点领域，制定差别化的生态补偿政策。

3月14日 文化和旅游部"2019年全国优秀舞台艺术剧目暨优秀民族歌剧展演"的重要剧目，充分展现沂蒙精神的红色精品力作——大型民族歌剧《沂蒙山》在北京天桥艺术中心上演。

3月19日 省人力资源社会保障厅等6个部门印发通知，自2019年起，全省用3年时间组织7.9万名青年参加见习。青年见习计划对象是：择业期内（自毕业之日起3年内）离校未就业山东生源高校毕业生，以及16—24周岁未就业或失业的青年。

3月26日 全省医疗保障工作暨"担当作为、狠抓落实"会议在济南召开，确定2019年山东医保工作深化6大改革，突出落实12件民生实事，即提高城乡居民医疗保障水平、加强癌症等重大疾病防治、加强慢性病防治、加强罕见病救治、加强儿童病救治、加强严重精神病患者救治、统一门诊慢性病病种标准、扩大异地就医联网覆盖面、推进"三个一批"改革、推行"三个一"服务、实行医保个人账户"一卡通行"、提高参保登记和注销效率。

3月29日 济南新旧动能转换先行区"双招双引"暨重点项目集中签约仪式举办，共签约20个项目，总投资额超过400亿元。

4月4日 省"一带一路"建设工作协调推进领导小组在济南召开第一次会议，听取全省推进"一带一路"建设2018年工作情况汇报，部署安排2019年的工作。"一带一路"倡议实施5年间，山东主动融入国家开放大局，聚焦"五通"（政策沟通、设施联通、贸易畅通、资金融通、民心相通）、"五路"（携手打造和平之路、繁荣之路、开放之路、创新之路、文明之路），深度融入"一带一路"建设，取得积极进展和明显成效。山东对"一带一路"沿线国家累计实际投资405亿元，完成对外工程营业额2000多亿元；对沿线国家进出口额累计达2.2万亿元，占全省进出口总额的比重由2014年的24.4%提高到 2018 年的 26.9%。

4 月 9 日　"济宁—青岛港'金乡大蒜号'国际集装箱冷链班列"从济宁出发开往青岛，继续前往越南和智利。这是中国首条全集装箱出口冷链班列。

4 月 17 日　联合国教科文组织执行局正式批准中国提交申报的沂蒙山、九华山地质公园成为联合国教科文组织世界地质公园，成为中国第 38 个、第 39 个世界地质公园。沂蒙山地质公园也是山东省继泰山之后的第二家世界地质公园。

4 月 19 日　省政府办公厅出台《关于推进新时代山东高等教育高质量发展的若干意见》，明确用 10 年左右时间，实现 2—3 所高校在若干学科领域达到世界一流水平，20 所左右高校在同类型高校中达到国内一流水平，40 个左右学科达到国内一流水平，使山东高等教育综合实力位居全国前列，支撑和引领现代化强省建设。

4 月 25 日　省住房城乡建设厅、省民政厅、省财政厅、省人力资源社会保障厅、省税务局联合出台《关于进一步推进城镇住房保障家庭租赁补贴工作的指导意见》，明确将符合住房保障条件的城镇中等偏下收入住房困难家庭、新就业无房职工、稳定就业外来务工人员纳入住房租赁补贴的保障范围，以家庭为单位实施保障。

4 月　山东初步实现医保个人账户省内异地就医购药"一卡通行"。首批实现医保个人账户省内异地刷卡的联网医院 920 家、联网药店 497 家。

5 月 4 日　省政府办公厅出台《关于聚焦企业和群众关切深化"一窗受理·一次办好"改革的措施》，确定 2019 年 10 月底前，基本完成市、县、乡三级全领域无差别"一窗受理"试点，2020 年全面推开。

5 月 5 日　全省解决"两不愁三保障"突出问题和考核整改工作

电视电话会议在济南召开，传达学习全国解决"两不愁三保障"突出问题和考核整改工作电视电话会议精神，通报 2018 年度全省扶贫开发工作成效考核情况，研究部署解决全省"两不愁三保障"突出问题和考核整改有关工作。

5 月 13 日—17 日　省委、省政府举行全省新旧动能转换项目推进会暨"双招双引"工作表彰大会，实地观摩聊城、德州、滨州、东营、淄博、济南 6 个市新旧动能转换项目和"双招双引"工作成果。

5 月 24 日—25 日　中共中央政治局常委、国务院总理李克强在潍坊、济南考察减税降费对制造业企业受益情况和缓解小微企业融资难融资贵情况等，并主持召开部分地方减税降费工作座谈会，部署进一步落实好减税降费各项政策，强调要求落实减税降费，完善金融服务，促进企业郁郁葱葱、蓬勃发展。

6 月 1 日—2 日　省委、省政府在临沂召开全省推进乡村振兴暨脱贫攻坚现场会议。会议强调，打造乡村振兴齐鲁样板、打赢打好脱贫攻坚战，要着力解决好基层党组织作用发挥不够，规划"空白""悬空"，村庄规模小、集体经济弱，乡村振兴资金投不足、用不好，土地盘不活、转不动，人才引不来、留不住，人居环境整治重面子、轻里子，脱贫不精准、稳定性不高，脱贫攻坚与乡村振兴融合不够、衔接不畅等问题。

6 月 3 日　省委召开"不忘初心、牢记使命"主题教育工作会议，对全省开展"不忘初心、牢记使命"主题教育进行部署。主题教育分两批进行。第一批主题教育参加单位包括省级机关及其直属单位，济南、青岛市级机关及其直属单位，省管企业，时间是 6 月至 8 月。主题教育期间，山东 30 多万个基层党组织、660 多万名党员、8.4 万名县处级以上领导干部，经历了严肃的党性锤炼和精神洗礼。

6 月 4 日　省委办公厅、省政府办公厅出台《关于倡导移风易俗推动绿色殡葬建设的指导意见》。

6月10日　省委、省政府出台《平安山东法治山东建设三年规划（2019－2021年)》，明确8个方面27项具体任务和34项主要工作指标。

6月11日　博鳌亚洲论坛全球健康论坛大会在青岛开幕。中共中央政治局委员、国务院副总理孙春兰宣读习近平主席贺信并致辞。全国人大常委会副委员长陈竺出席开幕式。本届大会以汇聚全球健康领域共识、整合医药卫生和大健康产业智慧与资源、聚焦卫生健康问题和提升影响力为目的，围绕"健康无处不在——可持续发展的2030时代"主题和"人人得享健康"口号，讨论大健康相关领域热点，促进全球合作，汇聚良好意愿与智慧，共图人类健康的未来。

6月25日　省政府新闻办发布《区域性大气污染物综合排放标准》及工业炉窑、钢铁工业两项强制性大气污染物排放标准，新标准自2019年11月1日起实施。加上前期已发布实施的火电、建材、锅炉3项标准，山东主要大气污染物排放标准全部发布完毕。至此，山东以分阶段逐步加严为主线，以《流域水污染物综合排放标准》和《区域性大气污染物综合排放标准》为统领，具有山东特色的地方环境标准体系基本建立。

6月28日　省委宣传部、省妇联、省生态环境厅、省住房城乡建设厅、省农业农村厅、省卫生健康委联合出台《2019－2020年山东省"美丽庭院"创建工作实施意见》，明确到2019年底全省农村5%的庭院建成美丽庭院示范户，一半以上村庄建有美丽庭院示范户；到2020年，全省农村10%的庭院建成美丽庭院示范户，村村建有美丽庭院示范户。

6月29日－30日　第八届全国品牌农商发展大会暨乡村振兴现场观摩会在栖霞举行。栖霞以村党支部领办合作社成为观摩的一大看点。以组织振兴引领产业振兴，进而带动人才振兴、促进文化振兴、加快生态振兴为主路径的乡村振兴"栖霞探索"，促进了组织大振兴、农民大合作、果业大发展、三产大融合，实现了支部有作为、党员起作用、群众得实惠、集体有增收、农村有奔头的多赢。

6月30日 省政府办公厅印发《关于实施"春笋行动"大力培育具有自主知识产权企业的通知》，提出到2020年实现知识产权标准化管理企业达到2500家，国家级知识产权优势企业达到600家；到2022年实现知识产权标准化管理企业达到4000家，国家级知识产权优势企业达到1000家，新增国家级知识产权示范企业50家。

6月30日 省退役军人厅会同省财政厅等部门出台《关于设立专项基金开展退役军人创业扶持和困难帮扶的实施意见（试行）》。山东设立退役军人创新创业和困难帮扶基金，初期规模50亿元，由省、市政府负担，并委托专业投资管理机构运作。基金收益按规定缴入省级国库纳入财政预算管理，专项用于退役军人创业贷款贴息和不良损失风险补偿、创业带动就业奖励和困难帮扶等方面支出。

7月1日 黄水东调二期工程正式进入试通水阶段，标志着黄水东调工程调水体系架构全面完成，黄水东调工程与引黄济青工程形成"双线供胶东"的水资源配置战略格局，全力保障胶东4个市供水安全。

7月8日 省政府办公厅印发《山东省推进"互联网＋医疗健康"示范省建设行动计划（2019—2020年）》。《计划》明确2019年、2020年聚焦群众就医难点问题，大力发展"互联网＋医疗健康"新技术、新产业、新业态、新模式，进一步改善医疗服务水平，持续提高人民群众看病就医获得感。

7月9日 省政府办公厅印发《关于进一步推动山东省新旧动能转换基金加快投资的意见》，从改革基金管理体制、降低基金设立门槛、提高基金使用效率、优化基金发展环境等 4 个方面，提出 20 条政策措施，进一步加快基金投资，更好发挥基金效益。截至 2019 年 6 月底，全省共有政府投资基金 255 只，认缴规模 3906 亿元，实缴规模 764 亿元，基金投资项目 1076 个，基金投资 738 亿元，带动社会投资 3072 亿元。

7 月 10 日 省委十一届九次全体会议在济南举行。会议审议通过《关于推动开发区体制机制改革创新促进高质量发展的意见》。

7 月 11 日 全省"万名干部下基层"工作动员部署会议在济南召开。省委决定，在 2018 年"千名干部下基层"和选派"第一书记"的基础上，再从省、市、县三级增派 9557 名优秀干部，开展"万名干部下基层"。

7 月 12 日 省政府办公厅出台《山东省支持数字经济发展的意见》，确定 19 条支持数字经济发展的政策措施。

7 月 19 日 省政府办公厅印发《关于促进高速铁路建设的意见》，在强化规划引领、加大项目推进力度、做好征地拆迁工作、创新投融资机制、强化监督管理、加强组织领导 6 个方面作出部署。

7 月 20 日 省政府办公厅出台《关于全面建立林长制的实施意见》，提出全面建立省、市、县、乡、村五级林长制体系，构建责任明确、协调有序、监管严格、保障有力的保护管理新机制。

7 月 22 日—26 日 省十三届人大常委会第十三次会议在济南召开。会议表决通过《山东省新旧动能转换促进条例》《山东省长岛海洋生态保护条例》等。

7 月 25 日 山东省党政代表团召开学习考察总结会议。这次会议是在北京、上海、雄安新区学习四天半结束返回济南后立即召开的。会议指出，总结北京、上海、雄安新区的成功经验，核心在制度创新。推进制度创新，最根本的是要抓好流程再造。流程再造是改进机关作风、优化营商环境的关键所在，是方便企业和广大群众办事的重要举措，涉及观念、能力、作风、规矩等方方面面。抓好流程再造，必须解放思想、更新观念，坚决打破陈旧的思维模式和固化的工作方式，鼓励大胆探索、大胆尝试。必须持续深化放管服、"一窗受理、一次办好"改革，通过工作流程重构重塑，提升管理服务效能，努力实现精细化、精准化、平台化。必须坚持以人民为中心的发展思想，着力破解群众和企业办事遇到的痛点难点堵点，进一步压减办事时间，缩减办事流程，实现优质高效便捷。必须敢于担当、敢于负责，遇事先说行、少说不行，想方设法把好事办好。各级各部门要发扬自我革命精神，以刀刃向内、壮士断腕的勇气，大力度推进流程再造，把各项制度创新成果落到实处，推动习近平总书记重要指示要求落地生根、开花结果。

7月25日 全省加强乡村治理体系建设工作会议在莱西市召开。会议主要任务是传达学习全国加强乡村治理体系建设工作会议精神，传承和发扬"莱西经验"，安排部署加强乡村治理体系建设的重点任务，推进打造乡村振兴齐鲁样板工作。

7月26日 济青高速改扩建工程小许家以东路段正式建成通车，至此济青高速由过去的双向四车道拓宽为双向八车道通行。这是全省第一条八车道高速公路、全省首条改扩建高速公路、全国唯一高速公路改扩建绿色科技示范工程。

7月30日 省政府办公厅印发《关于深化创新型省份建设若干措施的通知》，提出建设创新型省份总体目标是：到2020年，全省全社会研发经费支出占地区生产总值的比重达到2.6%以上，国家级高新区达到15家左右，高新技术企业达到13000家以上，50%以上的设区市建成创新型城市，综合科技创新水平指数提升3—4个位次，具有山东特色的创新体系更加协同高效，跻身全国创新型省份前列。

7月31日　省政府办公厅印发《关于大力拓展消费市场加快塑造内需驱动型经济新优势的意见》，提出聚焦加快培育新一代消费热点、巩固提升住房汽车传统消费、培育农村消费新市场等12项重点，加快塑造内需驱动型经济新优势，推动山东高质量发展。

7月　省委农业农村委员会印发《关于加快推动乡村振兴和巩固提升脱贫攻坚成果的支持政策》，从村庄规划、合村并居等10个方面制定24条具体政策。

8月2日　《国务院关于印发6个新设自由贸易试验区总体方案的通知》发布，山东获批建设自贸试验区。山东自贸试验区的实施范围119.98平方公里，涵盖3个片区：济南片区37.99平方公里，青岛片区52平方公里（含青岛前湾保税港区9.12平方公里、青岛西海岸综合保税区2.01平方公里），烟台片区29.99平方公里。30日，中国（山东）自由贸易试验区揭牌仪式在济南举行。31日，中国（山东）自由贸易试验区济南、青岛、烟台3个片区挂牌。

8月8日　省民政厅出台《关于推进社会救助领域"放管服"改革的指导意见》，在推进审批权限下放、优化简化审批流程、最大限度精简申请材料、推进信息化建设、增强经办服务能力等方面提出12条措施。

8月11日　黄河滩区27个外迁社区全部开工，28个新建村台全部完成淤筑，开工15个旧村台、完成269公里临时撤离道路。

8月15日　省政府办公厅出台《山东省城市品质提升三年行动方案》，将城市品质提升行动细化为风貌特色、蓝绿空间、空气洁净、道路交通、生活服务、治理能力、安全运行、文明素质8个提升专项行动，确保起到"一年打基础、起势头，两年重攻坚、有看头，三年建长效、争一流"的总体效果。

8月21日　全省扎实做好脱贫攻坚"回头看"、着力解决"两不愁三保障"突出问题电视电话会议在济南召开。会议要求着力解决"两不愁三保障"突出问题，推动扶贫领域腐败和作风问题专项整治深入开展。

8月23日 省纪委监委牵头开展漠视侵害群众利益问题专项整治，聚焦征地拆迁、涉农、涉法涉诉、安全生产、中小学幼儿园安全、食品药品安全、环境保护、教育、医疗卫生等民生领域侵害群众利益问题，聚焦发生在群众身边的不正之风和"微腐败"问题，聚焦统计造假问题，着力解决群众最关心最直接最现实的利益问题。

8月24日 省政府办公厅出台《关于实施流程再造推进"一窗受理·一次办好"改革的十条意见》。《意见》提出，持续"减事项、减环节、减材料、减时间"，3年内省级行政许可事项再压减一半以上，办事环节平均减少一半，申请人提交材料平均减少一半，审批办理时限比承诺时限平均减少一半；各级政务服务大厅全部建立帮办代办、"吐槽找茬"、窗口无权否决机制。

8月28日 2019年"山东省对口支援喀什地区光明行"活动在新疆喀什地区英吉沙县人民医院启动。此次援疆医疗队由山东大学第二医院组建专家团队，深入喀什地区英吉沙县、麦盖提县两地，为当地200名符合手术条件的白内障患者免费实施复明手术。

9月17日 省委、省政府在菏泽召开乡村振兴调度推进工作会，深入分析菏泽市及各县（区）发展的短板瓶颈和潜力优势，研究解决问题的措施办法。

9月24日 数字山东建设专项小组办公室出台《山东省新型智慧城市试点示范建设工作方案》，明确山东自2019年至2023年，组织实施新型智慧城市试点建设及示范推广工作。2019年至2021年，分3批开展10个左右市、30个左右县（市、区）试点建设，打造一批新型智慧城市样板；2022年至2023年，开展新型智慧城市示范推广工作，力争将智慧城市打造成"数字中国"建设领域代表山东的一张名片。

10月19日 首届跨国公司领导人青岛峰会在青岛国际会议中心开幕。国家主席习近平向大会致贺信。中共中央政治局常委、国务院副总理韩正出席开幕式，宣读习近平主席贺信并致辞。首届跨国公司领导人青岛峰会由商务部和山东省人民政府共同举办，围绕"跨国公司与中国"主题，把握"专注跨国公司议题、传播跨国公司声音、分享跨国公司经验、链接跨国公司资源"定位，组织主体活动、闭门会、平行论坛、跨国公司和机构路演、重点产业路演、城市路演等33场活动。

10月22日 省政府办公厅印发《关于深入开展消费扶贫助力打赢脱贫攻坚战的实施意见》，聚焦制约山东消费扶贫的痛点、难点和堵点，从生产、流通、消费等关键环节，提出了提升贫困地区农产品供给和质量安全水平、拓宽贫困地区农产品流通和销售渠道、动员社会各界扩大贫困地区产品和服务消费等4个方面共14条政策措施。

10月23日 "四减四增"工作推进专题会议召开。会议深入贯彻落实习近平生态文明思想，听取加强污染源头防治推进"四减四增"三年行动进展情况汇报，分析面临的形势和问题，安排部署下一步重点工作。

10月28日 省委组织部、省农业农村厅等部门联合出台《关于扶持发展村级集体经济的意见》，从发展路径、政策扶持、组织保障3个方面提出16条举措。《意见》提出，到2020年，全省基本消除集体经济"空壳村"，村级集体经济收入全部达到3万元以上，其中10万元以上的达到30%；到2022年，10万元以上的达到50%。

11月5日 省政府出台《关于统筹推进生态环境保护与经济高质量发展的意见》，提出用经济和环境"双指标"综合评价区域发展质量，大力优化产业、能源、交通运输、城市空间等结构布局，将生态环保、安全生产、节能减排、提质增效统一于高质量发展。

11 月 6 日 省水利厅、省发展改革委联合印发《山东省落实国家节水行动实施方案》，明确山东到 2020 年、2022 年、2035 年 3 个阶段用水总量和强度等主要节水目标，提出着力实施总量强度双控、农业节水增产、工业节水提质、城镇节水增效、内部挖潜开源、节水科技引领、节水市场驱动 7 大节水行动。

11 月 14 日 省政府办公厅出台《关于加快 5G 产业发展的实施意见》，提出网络设施建设、行业应用带动、产业创新发展三大重点任务，确定于 2020 年在全国率先实现 5G 规模商用。28 日，省工业和信息化厅出台《山东省推进 5G 产业发展实施方案》，确定以需求为导向、以铁塔公司为基础开展网络设施建设，围绕高流量高价值等区域建设 5G 网络发展先行区，实现市区、县城、乡镇、农村逐步覆盖。

11 月 15 日 省委、省政府召开重点工作推进落实情况视频会议，以"狠抓落实、全力冲刺"为主题，聚焦工业和投资两大重点，努力完成全年经济社会发展目标任务。

11 月 19 日 省政府出台《关于统筹完善社会救助体系的指导意见》，标志着山东在全国率先提出全面统筹社会救助体系的方案。《意见》明确，全面构建以最低生活保障、特困人员救助供养等基本生活救助为基础，以教育救助、医疗救助、住房救助、就业救助、法律援助、康复救助等专项救助为支撑，以受灾人员救助、临时救助等急难救助为辅助，以慈善组织等社会力量参与救助为补充的社会救助制度体系，切实编密织牢社会救助兜底保障网。

11 月 20 日 山东·湖南两省农业发展交流座谈会和山东省（济南市）·湖南省（湘西自治州）扶贫协作工作联席会议在济南召开。

11 月 22 日　省政府出台《关于贯彻健康中国行动推进健康山东建设的实施意见》，推出健康知识普及、合理膳食、全民健身等 15 项主要行动，提出到 2030 年全省人均预期寿命达到 81 岁左右。

11 月 23 日　第二届新时代脱贫攻坚与乡村振兴论坛在菏泽举行，论坛现场发布《菏泽扶贫经验总结报告》。《报告》将菏泽的扶贫经验总结为"五统一、一衔接"，即产业扶贫与乡村经济结构优化升级有机统一、就地就近就业与能人创业有机统一、助老扶幼与乡村文明建设有机统一、资源高效集约利用与生态乡村建设有机统一、组织帮扶与激发内生动力有机统一。

11 月 25 日　省扶贫开发领导小组召开 2019 年第二次全体会议。会议传达学习习近平总书记关于脱贫攻坚工作重要指示和李克强总理批示，听取有关情况汇报，部署安排下一步工作。

11 月 26 日　鲁南（日兰）高速铁路日照—临沂—曲阜段开通运营。这是我国"八纵八横"高速铁路网的重要联络线。这条在山东建设里程最长、投资规模最大、惠及沿线人口最多的铁路，与济青、青盐、京沪等高铁成功"牵手"，形成一个完整闭合的高铁环线。至此，山东高铁通车里程达到 1987 公里。

11 月 27 日　省司法厅出台《关于改进和完善村（社区）法律顾问工作的若干措施》，提出加大村（社区）法律顾问资源供给，优化村（社区）法律顾问服务提供方式，完善考核评价工作。

12 月 2 日　省政府办公厅出台《关于推进养老服务发展的实施意见》，提出扩大有效服务供给、完善养老设施体系、强化制度支撑、创新体制机制、提升服务质量、优化发展环境 6 个方面的具体举措。

12 月 6 日　首批全国乡村治理体系建设试点县名单公布，山东平阴县、莱西市、曲阜市、费县、平原县、郓城县名列其中。

12 月 12 日　山东省人民政府与农业农村部在北京签署省部合作

框架协议，共同推动打造乡村振兴齐鲁样板。

12月15日 国务院批复同意在济南、烟台等24个城市设立跨境电子商务综合试验区。在试验区内，对跨境电子商务零售出口试行增值税、消费税免税等相关政策，积极开展探索创新，推动产业转型升级，开展品牌建设，推动国际贸易自由化、便利化和业态创新，为推动全国跨境电子商务健康发展探索新经验、新做法，推进贸易高质量发展。

12月18日 胶东地区引黄调水工程通过竣工验收。胶东地区引黄调水工程经过10年建设，于2013年年底完成综合调试及试通水，具备通水运行条件。2015年起，与引黄济青工程、南水北调工程联合试运行，统筹调度长江水、黄河水、当地水，实施向胶东地区应急抗旱调水。

12月20日 省委海洋发展委员会召开第三次全体会议，认真学习习近平总书记关于海洋发展的重要论述，听取2019年以来省委海洋委工作情况汇报，审议《关于海洋强省建设工作督查情况的报告》《关于支持海洋战略性产业发展的财税政策》《山东省海水淡化产业发展三年推进计划》等文件，研究部署下一步工作。

12月23日 省发展改革委、省扶贫开发办出台《山东省易地扶贫搬迁后续扶持工作方案》，易地扶贫搬迁工作重心由工程建设转向搬迁后续扶持。

12月25日 省政府出台《山东省电子政务和政务数据管理办法》，确定建立省、市、县、乡、村五级数据互联和协同联动的政务服务体系。

12月25日—26日 省委经济工作会议在济南召开。会议明确2020年要抓好的7项重点工作任务，即坚定不移推动高质量发展、坚定不移打赢三大攻坚战、坚定不移保障改善民生、坚定不移打造乡村振兴齐鲁样板、坚定不移推动区域经济协调发展、坚定不移推动科技创新引领、坚定不移深化改革开放。省委将 2020 年定为"重点工作攻坚年",要求全省上下以攻坚的状态,敢于啃"硬骨头",敢于蹚"地雷阵",头拱地、向前冲,不达目的不罢休。

12 月 30 日　省住房城乡建设厅、省发展改革委等 12 个部门联合出台《山东省城市生活垃圾分类制度实施方案》。

12 月 31 日　省委全面深化改革委员会召开第六次会议,传达学习习近平总书记在中央深改委第十一次会议上的重要讲话精神,讨论审议有关改革文件,研究部署下一步工作。会议审议并原则通过《关于深化制度创新加快流程再造的指导意见》等流程再造"1+12"制度体系、《关于加强知识产权司法保护若干问题的实施意见》《关于实施财政资金股权投资改革试点的意见》《关于加强和改进乡村治理的实施意见》《山东省计划生育协会改革实施方案》,书面审议《关于建设省级农村改革试验区的意见》《关于进一步引导和规范农村土地经营权流转的意见》《农村集体产权制度改革整省试点工作情况报告》。

12 月 31 日　巨野县至单县高速公路通车运营,结束了单县不通高速公路的历史,山东提前一年实现"县县通高速"。

二〇二〇年

1月1日 《山东省学前教育条例》开始实施。《条例》要求将学前教育纳入国民经济和社会发展规划，普及 3 年学前教育，构建覆盖城乡的学前教育公共服务体系。

1月1日 山东在鲁豫、鲁冀、鲁皖界等 14 个高速公路省界收费站全部取消。全省升级改造了 3456 条 ETC 车道，累计新增发行 ETC 山东籍车辆 1357.93 万。

1月4日 山东—河北 1000 千伏特高压交流环网工程临沂—石家庄段投运，标志着"十三五"期间山东"五交四直"特高压工程完成。至此，山东电网接纳"外电入鲁"能力超过 2700 万千瓦。

1月5日 2019 年"齐鲁大工匠"颁奖典礼在济南举行。郭磊等 10 人被命名为"齐鲁大工匠"，许征鹏等 40 人被命名为"齐鲁工匠"。

1月6日 全省扶贫开发工作会议在济南召开。会议指出，2020 年是全面建成小康社会和脱贫攻坚的收官之年，要坚持精准方略，保持攻坚态势，聚焦相对深度贫困地区和特殊贫困群体集中发力，坚持不懈抓好各项工作落实，确保高质量打赢脱贫攻坚战。

1月6日 省政府印发《山东省促进乡村产业振兴行动计划》，确定推动实施乡村产业平台构筑、融合推进、绿色发展、创新驱动、主体培育、支撑保障"六大行动"。

1月6日 《青岛市生活垃圾分类管理办法》开始施行，青岛成为山东首个强制实施垃圾分类的城市。

1月7日 省委农村工作会议在济南召开，贯彻中央经济工作会议和中央农村工作会议精神，落实省委十一届十次全会和省委经济工作会议部署，围绕全面建成小康社会和打赢脱贫攻坚战，安排部署2020年"三农"工作。

1月9日 省政府办公厅印发《关于加快胶东经济圈一体化发展的指导意见》，加快胶东经济圈青岛、烟台、威海、潍坊、日照等市一体化发展。5月7日，胶东经济圈一体化发展工作推进会召开，标志着胶东经济圈一体化发展各项工作全面启动。12月8日，由青岛、烟台、潍坊、威海、日照5个市人民政府主办的胶东经济圈一体化推介大会在北京举行。

1月10日 "聊·胜一筹！"品牌运营中心揭牌仪式暨2020"聊·胜一筹！"品牌农产品第一届年货节开幕式举行。聊城市以"聊·胜一筹！"公共区域品牌为引领，大力实施农产品品牌带动战略。

1月11日 山东省"不忘初心、牢记使命"主题教育总结大会在济南召开。会议深入学习贯彻习近平总书记关于主题教育的重要论述，学习贯彻中央主题教育总结大会精神，回顾总结全省主题教育开展情况，对标中央要求找差距，对巩固和深化主题教育成果进行安排部署。

1月14日 部省共建国家职业教育创新发展高地领导小组召开第一次会议，审议通过《教育部、山东省人民政府关于整省推进提质培优建设职业教育创新发展高地的意见》。同日，教育部、山东省共建国家职业教育创新发展高地启动大会在济南举行。山东在全国率先整省推进"职教高地"建设。

1月18日—22日 省十三届人大三次会议在济南召开。大会表决通过省十三届人大三次会议关于政府工作报告的决议等。

1月19日 省委成立省新型冠状病毒感染的肺炎疫情处置工作

领导小组（指挥部），统筹负责全省疫情防控工作。24日，省委决定，省疫情处置工作领导小组（指挥部）调整人员安排，省委、省政府主要负责人担任领导小组组长。

1月20日 省委、省政府印发《贯彻落实〈中共中央、国务院关于抓好"三农"领域重点工作确保如期实现全面小康的意见〉的实施意见》。

1月21日 省委、省政府召开专题会议，贯彻落实中共中央总书记习近平对新冠肺炎疫情的重要指示，对抗击疫情作出安排部署，全省打响群众性疫情防控阻击战。自1月25日起，山东先后派出12支医疗队1812名医务人员，并捐赠大量的医用物资、生活用品支援湖北、支援黄冈，为"湖北胜""武汉胜"贡献了山东力量。在本省抗疫斗争中，用1个多月的时间初步遏制疫情蔓延，用两个月左右时间将本土每日新增病例控制在个位数，省内患者治愈率达到98.97%。

1月23日 省委办公厅、省政府办公厅印发《打造精简高效政务生态实施方案》等12个方案，确定了首批重点突破的12项具体流程，向流程再造发起全面攻坚。

1月29日 临沂大学张兴林教授带领"微生物与宿主健康研究团队"联合中拓生物有限公司研制的"2019新型冠状病毒核酸检测试剂盒系列产品"通过国家药品监督管理局检测合格。

2月4日 省委、省政府印发《关于深化制度创新加快流程再造的指导意见》，提出了加强统筹谋划设计、全面减权放权授权、实行容新容缺容错、强化大数据支撑、全周期服务高层次人才、打造标准样板流程、再造部门运行流程、加大落实保障力度等8个方面30条具体措施。

2月4日 省政府办公厅印发《关于应对新型冠状病毒感染肺炎疫情支持中小企业平稳健康发展的若干意见》，从强化金融支持、减轻税费负担、降低运营成本、加大稳岗力度等4个方面,提出20条应急政策举措。

2月8日 山东教育政务服务事项全面开通一网通办。

2月11日 省政府办公厅印发《关于积极应对新冠肺炎疫情加快恢复农业生产确保重要农产品稳产保供的若干措施》,从加快农业企业开工建设、加强产销有效对接、有序破解交通梗阻、统筹用好涉农资金、精准创设优惠政策、切实强化组织领导等6个方面提出20条措施,有效应对新冠肺炎疫情带来的不利影响,尽快恢复全省农业生产,确保重要农产品市场供应。

2月14日 省委经济运行应急保障指挥部启动运行。指挥部主要职责是有效应对新冠肺炎疫情对经济运行的冲击和影响,加强重点领域的监测分析和统筹调度,及时解决经济运行中存在的突出问题,促进"六稳"工作落地。

2月17日 山东大学第二医院王传新教授联合山东师范大学、潍坊康华生物技术有限公司成立联合研发团队,成功研发出新型冠状病毒(2019-nCoV)IgM抗体检测试剂盒(胶体金法和免疫层析法),最快3分钟内即可出结果。

2月19日 省委财经委员会召开第五次会议,会议审议通过《关于落实中央财经委第五次会议主要任务分工方案》,审议通过《关于推进城镇低效用地再开发的意见》《山东省深入推进老旧小区改造实施方案》《山东省烂尾工程及闲置厂房专项整治三年行动方案》。

2月20日 省委、省政府印发《贯彻〈中共中央、国务院关于建立健全城乡融合发展体制机制和政策体系的意见〉加快推进城乡融合发展的实施意见》,从推进城乡要素融合、服务融合、设施融合、经济融合、强化工作保障5个方面提出20条具体措施。

2月21日 济宁市入选第二批国际湿地城市遴选。

2月22日 山东启动农民工务工畅通行活动。活动聚焦成规模、成批次的外出农民工，对用工集中地区和集中企业组织开展"点对点"专车（专列、专厢、专机）运输服务。

2月23日 统筹推进新冠肺炎疫情防控和经济社会发展工作部署会议在北京召开。习近平总书记强调，要变压力为动力、善于化危为机，有序恢复生产生活秩序，强化"六稳"举措，加大政策调节力度，把我国发展的巨大潜力和强大动能充分释放出来。同日，省委、省政府召开视频会议，学习贯彻习近平总书记在统筹推进新冠肺炎疫情防控和经济社会发展工作部署会议上的讲话精神。2月27日，全省统筹推进新冠肺炎疫情防控和经济社会发展工作部署会议在济南召开。会议强调，必须统筹推进疫情防控和经济社会发展，两副担子一肩挑，两手抓、两手硬，把疫情造成的时间损失、工作损失、发展损失努力夺回来，奋力实现全年经济社会发展目标任务。

2月25日 省委、省政府举行重点外商投资项目视频集中签约仪式。各市共签约66个重点外商投资项目，涉及13个国家和地区，预计投资总额143.9亿美元，协议/合同外资额42.7亿美元。

2月28日 省新旧动能转换综合试验区建设领导小组召开扩大会议。会议审议通过《山东新旧动能转换综合试验区建设2020年工作要点》《关于进一步加严压实专班责任推动新旧动能转换重点任务落地落实的意见》及"十强"专班任务责任清单。

2月28日 省发展改革委印发《山东省采煤塌陷地综合治理专项规划（2019—2030年)》，确定将全省采煤塌陷地划分为五大区域进行综合治理，采取农业复垦、生态治理、产业治理、建设治理等治理模式，大力发展特色产业。

2月29日 省委办公厅印发通知，在全省部署开展"进企业、进项目、进乡村、进社区"攻坚行动。3月4日，全省万名干部"四进"工作培训视频会议在济南召开，标志着山东万名干部"四进"攻坚行动启动。万名干部组成 2000 个工作组，深入一线、沉到基层，帮助破解难点、疏通堵点。

3月1日—5月31日 山东对增值税小规模纳税人（含个体工商户和小微企业）增值税征收率由 3% 降为 1%。根据 2019 年相关行业纳税人税收数据初步测算，可减轻增值税小规模纳税人税费负担约 30 亿元。

3月4日 淄博市出台意见建立"全员环保"工作机制，明晰党委政府、部门、排污单位、公众等各类主体权责。

3月5日 中国工程院院士袁隆平带领的青岛海水稻研发中心，启动万亩耐盐碱超级杂交水稻示范种植项目，率先对位于青岛市城阳区的 5000 亩盐碱地进行开垦整理。

3月6日 省扶贫开发领导小组召开 2020 年第一次全体会议，会议审议通过《关于贯彻落实习近平总书记重要讲话精神统筹抓好新冠肺炎疫情防控和脱贫攻坚工作的意见》，审议贫困人口疫情防控和脱贫攻坚工作开展情况、2019 年全省扶贫开发工作年度考核情况以及《全省高质量打赢脱贫攻坚战评估验收工作方案》《解决相对贫困长效机制试点工作方案》《山东省扶贫资产管理暂行办法》，听取教育扶贫、贫困劳动力就业、贫困户住房安全工作情况汇报。

3月10日 省委常委会召开会议，学习习近平总书记在决战决胜脱贫攻坚座谈会上的重要讲话和有关批示精神，研究贯彻落实意见。11日，省委召开决战决胜脱贫攻坚座谈会，要求坚决克服新冠肺炎疫情影响，对打赢脱贫攻坚战进行再动员再部署，确保如期完成脱贫攻坚目标任务，确保全面建成小康社会。13日，省委、省政府印发《关于贯彻落实习近平总书记重要讲话精神统筹抓好新冠肺炎疫情防控和决战决胜脱贫攻坚的意见》。

3月13日 省河长制办公室印发《关于加强美丽示范河湖建设的指导意见（试行)》，提出各设区的市原则上每年完成不少于5条（个）省级美丽示范河湖建设任务，且涉及不同类型河湖，其中最高层级河长为省市级的河流1条、最高层级河长为县级的河流2条、最高层级河长为乡村级的河流2条。

3月15日 泰安市"泰好办"自助服务终端部署推动社区"全科＋自助"视频会议召开。泰安市加快构建社区党组织、居委会、工作站"三位一体"的社区治理体系，努力打造"全科＋自助"社区服务模式，打通为民服务"最后一公里"。

3月16日 山东省《餐饮业分餐制设计实施指南》由省市场监管局批准发布并实施。这是国内首个餐饮分餐制的省级地方标准。30日，省商务厅、省市场监管局等部门联合印发《关于倡导分餐制实施"分餐行动"的方案》。6月21日，由山东主导制定的《餐饮分餐制服务指南》国家标准发布实施。

3月17日 省委、省政府召开全省"重点工作攻坚年"动员大会。会议确定2020年为"重点工作攻坚年"，提出发起公共卫生应急管理改革、流程再造等九大改革攻坚行动。

3月22日 省政府办公厅印发《山东省推动苹果产业高质量发展行动计划》，提出山东重点实施品种更新换代示范、栽培模式示范提升、科技支撑、经营主体培育、品牌培育提升、加工增值增收6项工程。

3月26日 省政府办公厅印发《关于推进全省村（社区）便民服务标准化的指导意见》，要求2020年9月底前，全省社区和有条件的村实现便民服务标准化。

3月27日 省委印发《关于贯彻落实〈中国共产党农村工作条例〉的实施意见》。

3月30日 省民政厅、省扶贫开发办联合印发《全省社会救助兜底脱贫行动方案》，明确进一步完善低保政策，及时把脱贫不稳定户、边缘易致贫户以及因新冠肺炎疫情或其他原因收入骤减或支出骤增户中符合低保政策的人员全部纳入低保范围。

3月30日 青岛胶州湾大桥胶州连接线开通，上合示范区至青岛主城区的通行时间大大缩短。

3月 省委全面依法治省委员会印发《关于严格依法办事优化法治营商环境的意见》。《意见》明确将4月确定为《优化营商环境条例》集中宣传月。

3月 山东深入推进对全省有扶贫任务的县（市、区）脱贫攻坚审计全覆盖，加大对20个脱贫任务比较重的县、200个重点扶持乡镇等重点贫困地区以及革命老区、黄河滩区、库区、湖区的审计力度，促进重点群体如期稳定脱贫。

4月8日 黄河流域生态保护和高质量发展专题会议召开。会议强调，要深入学习领会习近平总书记重要指示要求，把握好黄河流域生态保护和高质量发展的原则，加快规划编制，狠抓工作落实，全力以赴做好这篇大文章。要自觉服从和融入国家战略，突出山东特色和比较优势，因地制宜、分类施策。

4月9日 莘县推出"交房即办证"试点项目，成为全省"交房即办证"首例。

4月10日 省医疗保险事业中心印发《关于做好省直医疗保险个人账户近亲属共济使用的通知》，对做好省直医保职工个人账户家庭成员共济使用有关问题进行明确。省直医保个人账户不仅可以支付近亲属参加居民基本医疗保险、长期护理保险的个人缴费，还可以支付近亲属住院期间个人负担费用等。

4月10日 省农科院首批10个产业技术研究院在济南成立。至

7月30日，省农科院分三批次联合包括19个县（市、区）人民政府、54家农业龙头企业在内的省内外90余家单位，在全省共同建设了50个产业技术研究院，涵盖包括寿光蔬菜、金乡大蒜、莱阳黄梨、青州银瓜、日照绿茶等13个农业产业在内的40多个农产品种类，基本建成对全省主要优势农业产业高质量发展全覆盖的战略支撑体系。

4月10日 齐鲁号"鲁欧快线"（济南—德国）首班开行。27日，"齐鲁号"欧亚班列"上合快线"首班列车从位于胶州市的上合示范区多式联运中心发出。12月31日，"齐鲁号"欧亚班列年度第1500列从济南发出，创下山东欧亚班列年度开行量最高纪录。至此，"齐鲁号"欧亚班列城市间线路已增至40条，可直达"一带一路"沿线17个国家45个城市。

4月10日 美国《科学》杂志在线发表来自山东农业大学科研团队的一项研究成果。山东农业大学教授孔令让团队从小麦近缘植物长穗偃麦草中克隆出抗赤霉病主效基因Fhb7，为解决赤霉病这一世界性难题找到了一把"金钥匙"。

4月15日 2020年省总湾长会议召开，深入学习贯彻习近平总书记关于经略海洋、海洋生态环境保护的重要论述，总结2019年湾长制工作情况，研究部署下一步工作。

4月16日 全省脱贫攻坚成效考核和省委专项巡视"回头看"发现问题整改工作电视电话会议在济南召开。会议强调，要按照省委"重点工作攻坚年"部署，拿出决战决胜的精神状态，扛牢政治责任，加大保障力度，强化作风建设，加强总结宣传，确保坚决打赢脱贫攻坚战。

4月17日 中央政治局会议提出，在加大"六稳"工作力度的同时，全面落实"六保"任务。4月24日，省委常委会召开会议，学习会议精神，研究部署下一步工作。

4月20日 2020年度省对口支援和扶贫协作工作领导小组召开会议。

4月20日 第二十一届中国（寿光）国际蔬菜科技博览会暨2020中国（寿光）国际蔬菜种业博览会在寿光市开幕。2020年的菜博会、种博会首次在网上举办。

4月22日 东方航天港产业项目开工暨重大合作项目签约仪式在海阳市举行。

4月23日 企业登记注册"青易办"掌上平台在青岛上线，青岛成为全国首个实现企业登记注册全链条"掌上办、零材料、智能审"的城市。24日，青岛颁出全国首张微信端无人审批营业执照。

4月29日 省委财经办协调推动省商务厅、省发展改革委等9个部门印发《"优质鲁货与电商平台对接工程"实施意见》，提出推进优质鲁货上网工程、优化鲁货上网生态体系、创新网络营销模式、开展网络推广和专项促销活动等4个方面12条措施。

4月30日 省政府办公厅印发《山东省加快流程再造推进"一业一证"改革试点实施方案》，决定在部分市县对餐饮、便利店、药店等20个行业试点进行"一业一证"改革，将一个行业多个许可证件合并为一张载明相关行政许可信息的行业综合许可证。5月27日，山东举行"一业一证"改革试点行业综合许可证首发仪式。12月31日，省政府办公厅印发《全面实施"一业一证"改革大幅降低行业准入成本实施方案》，确定按照稳步推进、协同高效的原则，自2021年1月起在全省全面实施"一业一证"改革。

4月 小清河复航工程复工复产全面展开。这是山东省水运建设史上第一个一次性投资超百亿元项目、省内第一个可实现海河直达运输的水路交通项目，也是省航运史上建设内容最多、最复杂的项目。

4月 济南供电公司累计建成107座充换电站和14座高速服务

区充电站，电动汽车充换电日服务能力突破 2.5 万辆，充换电量居全省第一位。济南是全国首批"十城千辆"节能与新能源汽车推广试点城市之一。

5 月 1 日 省政府印发《关于持续深入优化营商环境的实施意见》，提出全面提升企业便利化水平、着力打通企业难点堵点痛点、精准提供便捷高效的政务服务、着力打造透明稳定的政策环境等 4 部分 18 条政策措施。

5 月 6 日 山东在全国率先实现省级医保信息系统迁移上云，医保异地就医、省医保关系转移等 15 个信息系统模块迁移至省政务"医保专享云"平台，相关公共服务和联网结算业务顺利开展。

5 月 7 日 省生态环境委员会召开第一次全体会议，深入贯彻落实习近平生态文明思想，听取 2019 年全省生态环境保护工作情况汇报，审议《山东省生态环境委员会工作规则》和《山东省生态环境委员会办公室工作细则》，研究部署下一步工作。

5 月 8 日 全省加强基层党建推进农村改革攻坚视频会议在济南召开，学习贯彻习近平总书记关于"三农"工作的重要论述和打造乡村振兴齐鲁样板的重要指示精神，贯彻"六稳""六保"要求，落实全省"重点工作攻坚年"任务，交流经验做法，安排加强基层党建、推进农村改革攻坚重点工作。

5 月 10 日 山东省企业诉求"接诉即办"平台上线试运行，全面推行"企有所诉、我必有应、接诉即办"。

5 月 14 日 国家发展改革委召开中日地方发展合作示范区启动会。中日（青岛）地方发展合作示范区将以节能环保为核心，重点集聚发展材料科学、能源技术、生物工程、信息通信四大基础产业，带动发展现代服务业，建成具有浓郁日本特色，低碳环保、产城融合的现代化园区。

5月16日 全省举行重大项目集中开工活动,全省16个市的796个重大项目集中开工建设。

5月19日 省政府办公厅印发《关于健全完善公共卫生体系的意见》,提出2020年6月底前,县级以上疾控机构全部建成生物安全二级实验室,具备开展新冠病毒、流感病毒、肠道病毒和艾滋病病毒等常见病原体的核酸检测和抗体检测等能力。

5月26日 省政府印发《关于加快鲁南经济圈一体化发展的指导意见》。《意见》提出加快鲁南经济圈临沂、枣庄、济宁、菏泽等4市一体化发展,并明确4市的定位:建设乡村振兴先行区、转型发展新高地、淮河流域经济隆起带,实现突破菏泽、振兴鲁南,培育全省高质量发展新引擎。

5月29日 省委常委会召开扩大会议,传达学习习近平总书记在全国"两会"期间的重要讲话和全国"两会"精神,研究贯彻落实意见。会议强调,落实好全国"两会"精神,必须坚持以人民为中心的发展思想,坚持稳中求进工作总基调,推进"六稳"工作,落实"六保"任务,着力在"扩、强、稳"上下功夫。

5月 省委经济运行应急保障指挥部印发《"六保三促"工作方案》。

5月 省委办公厅印发《关于持续解决困扰基层形式主义问题的若干措施》,提出解决困扰基层形式主义问题的19条措施。

5月 垦利6-1油田探明储量报告评审备案工作完成,成为渤海莱州湾北部地区发现的首个亿吨级大型油田。

6月1日—2日 中共中央政治局常委、国务院总理李克强在烟台、青岛考察。李克强强调,要坚持以习近平新时代中国特色社会主义思想为指导,落实党中央、国务院决策部署,按照政府工作报告要求,聚力"六稳""六保",完成全年经济社会发展目标任务。

6月3日 省政府印发《关于加快省会经济圈一体化发展的指导意见》。《意见》提出，促进济南、淄博、泰安、聊城、德州、滨州、东营等7市一体化发展，高水平建设现代化省会经济圈，打造黄河流域生态保护和高质量发展示范区、全国动能转换区域传导引领区、世界文明交流互鉴新高地。

6月4日 山东10个县（市）入选全国县城新型城镇化建设示范名单，分别是郓城县、齐河县、桓台县、宁阳县、广饶县、海阳市、诸城市、龙口市、滕州市、新泰市。

6月5日 省政府办公厅印发《关于抓好保居民就业、保基本民生、保市场主体工作的十条措施》，提出聚焦聚力扶持个体经营者、小微企业等市场主体健康平稳发展，把更多实惠送到广大市场主体手中，为保居民就业、保基本民生提供坚实支撑。

6月15日 省政府办公厅印发《山东省高水平大学建设实施方案》。19日，省教育厅、省财政厅联合印发《山东省高等学校高水平学科建设实施方案》。这是山东进一步推进高等教育高质量发展、加快"双一流"建设的重要举措。

6月17日 淄博市淄川区委宣传部、淄川区行政审批服务局联合召开新闻发布会，推出公民全生命周期服务改革新生儿"出生一件事"四证联办集成服务。

6月17日 山东省暨聊城市第26个世界防治荒漠化与干旱日现场宣传活动举行。山东提前完成《山东省防沙治沙规划（2011—2020年)》确定的30万公顷沙化土地治理的目标任务。

6月23日 山东省人社区块链系统首发仪式在淄博举行。首发仪式上，发布省本级、淄博市"区块链＋人社"应用平台开发的首批服务应用。山东省暨淄博市人社区块链服务平台是全国人社系统首个上线的省级人社区块链综合应用平台。

6月24日 青岛胶东国际机场工程建设全面竣工，由工程建设阶段转入转场准备阶段。

6月27日 山东召开美丽宜居乡村建设视频会议。会议强调，美丽宜居乡村建设事关群众切身利益、事关农村社会治理、事关全面建成小康社会，必须在现有基础上，全面检视，坚持因地制宜、改革创新、统筹谋划、综合施策、精准发展，稳妥有序推进各项工作。

6月28日 大汶河流域泮河（天泽湖）人工湿地水质净化工程改造提升建设项目竣工启用。该项目是泰安市泰山区域山水林田湖草生态保护修复工程的重要组成部分。

6月29日 青岛市退役军人志愿服务乡村振兴工作队在莱西市成立，19名自主择业军转干部分两队奔赴莱西市、平度市乡村振兴一线。这是全国首例选派优秀自主择业军转干部到乡村担任"兵支书"，助力乡村振兴战略。

6月30日 省委、省政府在济南举行第二届儒商大会暨青年企业家创新发展国际峰会。大会以"抢抓新机遇共谋新发展"为主题，来自20个国家和地区的7000多名海内外优秀企业家、创新创业者、知名人士等参加线上交流。

6月30日 山东省不动产登记"一网通办"便民服务平台上线运行，开创了全省不动产登记线上线下融合、随时随地网办的新模式。

6月 国家先进印染技术创新中心落户泰安。该中心由工业和信息化部批复组建，是我国在印染领域唯一的国家制造业创新中心，也是山东省首个批复建设的国家制造业创新中心。

7月1日 《山东省生态环境行政处罚裁量基准》开始施行。首次明确8种轻微违法行为免予处罚，对企业生产经营中的一些"无心之过"给予"松绑"。

7月1日 按照"应放尽放、放无可放"原则，省市场监管局决定将由省局登记的企业下放至各市市场监管部门或行政审批服务部门，自本日起不再直接办理企业登记业务。

7月1日—2日 省委十一届十一次全体会议召开。会议审议通过《关于深化改革创新打造对外开放新高地的意见》。面对疫情冲击，山东创新推动工作"线下转线上"，组织一系列重大招商引资活动。在全国率先出台外资企业复工复产的19条措施，建立外经贸企业复工复产日调度制度，并在全国率先设立"山东省稳外贸稳外资服务平台"，"一企一策"解决企业问题诉求。先后制定稳外贸"15条"、稳外贸稳外资"32条"、高水平利用外资"20条"等政策措施。全省全年实际使用外资176.5亿美元，比上年增长20.1%，高于全国15.6个百分点。

7月2日 山东省科技创新大会在济南召开。会上宣读了《山东省人民政府关于2019年度山东省科学技术奖励的决定》，授予省农科院研究员万书波山东省科学技术最高奖，授予29项成果山东省自然科学奖、13项成果山东省技术发明奖、199项成果山东省科学技术进步奖，授予皮特·谭伯格等3名外籍专家山东省国际科学技术合作奖。

7月4日 山东文旅扶贫带货大汇在兰陵县压油沟景区启动。来自全省16个市的网红达人带领网友远程参观文旅扶贫村的农产品原产地，多个市、县文旅局局长走进直播间，通过直播推荐当地特色文旅扶贫产品。本次文旅扶贫带货大汇征集了全省16个市50多类直播带货产品、70多种展览产品。

7月6日 2020年山东省总河长会议在济南召开。会议总结2019年河长制湖长制工作，审议2020年度河长制湖长制工作要点和《山东省实施〈河湖管理监督检查办法〉细则》，安排部署下一步工作。会议要求，要盯住"根治水患、防治干旱"总目标，大兴水利，治水兴水，为山东高质量发展提供坚实支撑。

7月8日　淄博市与阿里巴巴集团共建阿里数字农业农村示范城市（盒马市）启动。阿里确定在淄博打造农产品直采生产基地，建设两大自动化生产线和大型智能磁力速冻库、冷冻库，布局阿里全国农产品数字化流通网络的五大产地仓之一——阿里巴巴数字农业山东仓。

7月9日　文化和旅游部、国家发展改革委确定了第二批拟入选全国乡村旅游重点村名录乡村名单并向社会公示，山东省12个市的24个村入选。

7月10日　全国首个智能化多功能生态海洋牧场综合体平台"耕海1号"开业迎客。这是国内首个集智慧渔业、休闲旅游、海洋科研、科普教育等功能于一体的平台。

7月16日　全国首个文明交通行为导则《济南市文明交通行为导则》在济南发布。

7月20日—21日　省十三届人大四次会议在济南召开。会议听取了省政府关于统筹推进疫情防控和经济社会发展情况及下一步工作安排的报告。

7月21日　省黄三角农高区丁庄街道生活垃圾分类全链条处置启动仪式举行。这是山东落地启动的首个生活垃圾分类全链条处置项目。

7月24日　莒南县敲响临沂市集体经营性建设用地入市第一槌，这也是山东省集体经营性建设用地实行"标准地"出让的第一例。

7月25日　华能石岛湾核电举行调试阶段攻坚动员大会。这标志着我国拥有自主知识产权的世界首座高温气冷堆核电站示范工程——华能石岛湾高温气冷堆示范工程全面进入调试阶段。

7月30日　"对话山东——日本·山东产业合作交流会"主题研讨会在济南、东京、大阪同时举办，标志着"对话山东"活动启动。"对话山东"活动由山东省人民政府、中国国际贸易促进委员会、日本贸易振兴机构共同主办，共分主题研讨会、系列产业对接交流洽谈会、中日城市合作交流会三大板块，采取线上线下相结合的方式进行。活动持续至 9 月 30 日。

7 月 30 日 青岛首个"零碳社区"项目在青岛奥帆中心启动建设。该项目由青岛能源集团与青岛旅游集团签约共建，通过智慧能源系统深度利用，实现社区内各建筑直接碳排放强度持续降低，直至零碳排放。

7 月 31 日 国家统计局公告，山东省小麦单产创造"三个全国纪录"："山农糯麦 1 号"在肥城市实打亩产 694.96 公斤，创全国特色营养小麦单产最高纪录；"济麦 44"在寿光市实打亩产 766.62 公斤，创全国强筋小麦单产纪录；"山农 28"在淄博市临淄区实打亩产 856.9 公斤，再次刷新全国冬小麦单产纪录。

8 月 1 日 《山东省乡镇人民政府工作条例》开始施行。这是全国首部以减轻基层负担、强化工作保障、完善乡镇服务管理职能为宗旨的省级地方性法规。

8 月 1 日 菏泽市已在全国各地建立 238 个返乡创业服务站，服务站成为联系在外菏泽籍企业家的桥梁纽带。自 2015 年至今，共吸引 26.9 万人返乡创业就业，领办创办经济实体 10.3 万家，带动就业 50 余万人，引进过亿元返乡创业项目 201 个，总投资 541.58 亿元。

8 月 5 日 省委召开全省领导干部会议，学习贯彻习近平总书记关于实施乡村振兴战略的重要论述，坚决落实中央部署要求，研究推进乡村振兴和美丽宜居乡村建设工作举措。

8 月 7 日 山东固定污染源排污许可发证登记工作全部完成。全省累计核发排污许可证 27568 张，发证量居全国第二位，登记管理 206730 家。

8 月 10 日 枣菏高速公路通车。枣菏高速途经枣庄、济宁、菏泽 3 个市 8 个县（区），全长 186.3 公里，配套建设微山连接线 9.55 公里，打破微山湖湖东湖西不通高速公路的历史。

8 月 11 日 省政府办公厅印发《山东省深化农村公路管理养护体制改革实施方案》，提出全面推行以县（市、区）政府负责人为总路长的农村公路路长制，县级政府负责统筹全县农村公路工作。

8 月 11 日 济南、泰安两市签订《济泰一体化发展战略合作协议》，推动两地规划共绘、交通互联、产业互融、生态共建、民生共享，加快推动济泰一体化迈向新台阶。

8 月 12 日 省文明办印发《关于贯彻落实习近平总书记对制止餐饮浪费行为重要指示精神的通知》。

8 月 13 日 世界海洋科技论坛在青岛举行，论坛主题为"加快海洋科技创新 构建海洋命运共同体"。来自多个国家的海洋领域知名院士专家，以及高校和科研机构 180 余名专家学者参加论坛。联合国教科文组织向大会发来贺信。

8 月 14 日 山东会客厅启用仪式在青岛举行，山东各市和贵州安顺、甘肃陇南东西部扶贫协作城市签约入驻山东会客厅。建设山东会客厅，是按照省委打造对外开放新高地桥头堡的要求，坚持"开放、共建、共享"理念，充分发挥青岛的开放、平台、政策等优势，为各市搭建形象展示、"双招双引"、交流合作等功能于一体的综合服务平台。

8 月 14 日—16 日 首届"滨州人才节"举行。本届"人才节"以"选择滨州，共创·共享·共成长"为主题，采取线上与线下同步、主场与专场并举的方式，共策划组织 22 场活动。

8 月 16 日 以"弘扬焦裕禄精神、培养焦裕禄式的好干部"为办学宗旨的焦裕禄干部教育学院在淄博市博山区揭牌。

8 月 18 日 省委办公厅、省政府办公厅印发《关于深化制度创新强化耕地保护的意见》，提出强化耕地保护、创新用地保障机制、深化土地节约集约利用、压实耕地保护责任4个方面的意见。

8月19日　省委办公厅、省政府办公厅印发《贯彻落实〈中共中央、国务院关于新时代加快完善社会主义市场经济体制的意见〉的若干措施》，包含积极稳妥推进国有企业混合所有制改革、营造支持非公有制经济高质量发展的制度环境等27条具体措施。

8月22日—24日　首届山东（临沂）体育用品博览会举行。博览会以"体育强国　健康临沂"为主题，共设国际标准展位1512个，参展企业378家，参与品牌1100多个。

8月23日—26日　中共中央政治局常委、全国人大常委会委员长栗战书率全国人大常委会执法检查组在江苏、山东检查土壤污染防治法实施情况。检查组深入江苏连云港和山东日照、威海、济南等地进行实地检查。栗战书强调，要深入学习贯彻习近平生态文明思想，全面有效实施土壤污染防治法，坚持预防为主、保护优先，依法做好土壤风险管控和修复工作。

8月25日　全省克服疫情灾情影响确保如期全面脱贫电视电话会议在济南召开。会议学习贯彻习近平总书记关于扶贫工作的重要论述，落实国务院扶贫开发领导小组克服疫情灾情影响确保如期全面脱贫电视电话会议精神，安排部署全省脱贫攻坚重点工作任务，确保坚决打赢脱贫攻坚收官战。

8月25日　山东省城镇化暨城乡融合发展工作领导小组办公室印发《关于公布首批省级城乡融合发展试验区名单的通知》。

8月28日　"新消费·爱生活——山东消费年"活动在济南启动。活动主题为"至诚山东·有品有味"，由中央广播电视总台、山东省人民政府共同主办，持续到2021年8月底。活动期间，通过发放消费券、发布促进消费政策、举办促销活动等举措，强化政策支持、提升消费体验，进一步刺激居民消费热情，释放消费潜力。

8月28日 第四届"中华老字号（山东）博览会暨老字号品牌发展高峰论坛"在山东国际会展中心开幕。本届老字号博览会以"老字号新国潮"为主题，25个省（直辖市）612家企业参展，设置了各省团展区、品牌荟萃区、美食展区等八大展区。

8月至11月 山东与世界500强连线欧洲专场、东盟专场、美国专场、韩国专场、日本专场活动先后举行。11月6日，山东与世界500强产业链高质量合作发展对话在上海举行。

9月1日 第26届鲁台经贸洽谈会在潍坊市开幕。本届"鲁台会"是新冠肺炎疫情发生以来，在大陆举办的规模最大、规格最高的两岸经贸交流活动，以线上线下相结合、线上为主的方式进行，海峡两岸工商界等2000多人参加各项活动。

9月8日 全国抗击新冠肺炎疫情表彰大会在北京召开。山东省济南市中心医院重症医学科主任司敏等40名个人、山东省援助湖北医疗队等10个集体，孙晓光等5名共产党员及山东省胸科医院党委等4个基层党组织获得表彰。

9月9日 由省退役军人厅等9部门联合主办的首届山东省退役军人创业创新大赛决赛在青岛举办。来自全省的50个项目通过路演评审等形式进行对决，最终决出一等奖6名、二等奖10名、三等奖15名。

9月12日 郯城县召开家庭农场协会成立大会，这是全省首家县级家庭农场协会。至本月，郯城县发展各类注册登记的农民专业合作社1634家、家庭农场481家。

9月13日 山东省第十届全民健身运动会在安丘市开幕。本届运动会以"全民动员 全民参与 全民健康 全民共享"为办赛宗旨，设大众竞技、"万人系列"、职业技能、社会化办赛4个板块五大类 60 多个项目。

9 月 14 日 山东省暨济南市消费扶贫产品展销周启动仪式在济南举行。本次展销周以"万企参与,亿人同行,消费扶贫,齐心鲁力"为主题,活动时间为 9 月 11 日至 15 日,包括湖南湘西、重庆武隆、西藏、新疆和山东 5 个特色扶贫展区。

9 月 15 日 济南量子技术研究院发布消息,该院与中国科学技术大学合作,研制出国际首个集成化的多通道量子频率转换芯片。

9 月 15 日 自烟台海阳港运输至黄海海域的长征十一号海射遥二运载火箭成功实施发射任务。这是我国首次实现固体运载火箭海上应用发射,也是东方航天港工程启动以来第一次海上应用发射。

9 月 16 日 大型交响音乐会《黄河入海》在济南上演。《黄河入海》由文化和旅游部、山东省人民政府共同主办,是黄河流域舞台艺术优秀剧目展演展播活动的首次演出。音乐会前,中国重汽集团首次发布创新领跑的高端民族自主品牌——"新黄河"重卡。

9 月 16 日—17 日 2020 山东省旅游发展大会暨首届中国国际文化旅游博览会在济南拉开帷幕。本次大会以"文旅融合发展,乐享好客山东"为主题,是 2020 年山东省规格最高、规模最大的文旅主题活动。

9 月 18 日 省政府办公厅出台《关于加快工业互联网发展若干措施的通知》。

9 月 21 日—22 日 省委召开全省乡村振兴座谈会,学习习近平总书记关于"三农"工作重要论述和对山东工作重要指示要求,总结两年多来的工作,交流实践体会,查摆问题差距,对打造乡村振兴齐鲁样板进行再动员再部署。

9 月 26 日 全省第 5 万个 5G 基站开通,全省 5G 基站数量达到全国 1/10,16 个市的城区均已实现 5G 网络全覆盖,136 个县(市、区)

全部实现主城区连续覆盖。

9月29日 鄄城县黄河滩区居民迁建"村台社区"搬迁入住启动仪式举行。至此，全县黄河滩区4.1万名群众告别千百年的"水窝子"，全部搬入新居。

9月30日 由山东高速集团投资建设的文莱高速（文登至莱阳高速公路）提前3个月建成通车，标志着荣潍高速（荣成至潍坊高速公路）全线贯通，并实现与济青高速的直线连通。

10月9日 全省选派"加强农村基层党组织建设"工作队队员培训会议在济南召开。部署选派第一期9078名干部，开展驻村帮扶，以组织振兴全面推动乡村振兴。

10月10日 生态环境部公布第四批国家生态文明建设示范市县和第四批"绿水青山就是金山银山"实践创新基地名单。山东省济南市济阳区、日照市东港区、蒙阴县、惠民县被命名为第四批国家生态文明建设示范市县；莱西市、潍坊峡山生态经济开发区、威海市环翠区威海华夏城被命名为"绿水青山就是金山银山"实践创新基地。山东省2020年"两山"实践创新基地命名数量居全国首位，基地总数居全国第二位。

10月13日 纪念"莱西会议"30周年座谈会在济南召开。会议学习贯彻习近平总书记关于农村基层党的建设和乡村振兴的重要论述，座谈交流深化拓展"莱西会议"经验，以组织振兴为统领，推动乡村全面振兴的思路举措。

10月13日—22日 昌乐县举办"首届中国（昌乐）火山农业峰会"系列活动，活动以"唤醒沉睡古火山 书写农业新篇章"为主题。

10月17日 2020年全国脱贫攻坚奖表彰大会在北京举行，山东共有3名个人和1个集体获奖。兰陵县卞庄街道代村党委书记、村委会主任王传喜获全国脱贫攻坚奖奋进奖；潍坊峡山开发区王家庄街道大圈村"第一书记"（潍坊市重大项目服务中心驻村干部）牛伟国获全国脱贫攻坚奖贡献奖；济南市环境保护产业协会副秘书长王堃获全国脱贫攻坚奖奉献奖；曲阜市获全国脱贫攻坚奖组织创新奖。

10月20日 由山东省委和《求是》杂志社共同主办的决胜全面建成小康社会理论研讨会在济南召开。

10月20日 全国双拥模范城（县）命名暨双拥模范单位和个人表彰大会在北京举行，山东16个设区市和龙口市、嘉祥县、荣成市、蒙阴县被命名表彰为"全国双拥模范城（县）"。山东"全国双拥模范城（县）"命名数量实现"十连冠"，并实现16个设区市"满堂红"。

10月24日 山东省举行重大项目集中开工活动，496个重大项目集中开工建设。

10月26日—29日 党的十九届五中全会召开。全会指出，决胜全面建成小康社会取得决定性成就。全会通过《关于制定国民经济和社会发展第十四个五年规划和二〇三五年远景目标的建议》。全会提出，要坚定不移贯彻创新、协调、绿色、开放、共享的新发展理念，以推动高质量发展为主题，加快构建以国内大循环为主体、国内国际双循环相互促进的新发展格局。29日，习近平总书记在全会第二次全体会议上讲话指出，进入新发展阶段，是中华民族伟大复兴历史进程的大跨越。30日，省委召开省级党员领导干部会议，传达学习习近平总书记在党的十九届五中全会上的重要讲话和全会精神，研究贯彻落实意见。11月2日，省委召开党的十九届五中全会精神专题学习会议，强调要深刻领会和把握党的十九届五中全会的精神实质、核心要义，迅速掀起学习宣传贯彻党的十九届五中全会精神热潮，切实把习近平总书记重要讲话和党的十九届五中全会精神落到实处。

10月27日 山东"最美高速公路"——济泰高速公路全线通车。济泰高速全长55.9公里，主线为双向六车道，设计时速120公里。

项目主线设隧道 6 座、桥梁 65 座，是省内少有的隧道群高速，桥隧比约 50%。

10 月 28 日 日照市海龙湾"退港还海"工程通过山东省省级竣工验收。该工程是我国首批"蓝色海湾"整治行动项目主体工程。自 2016 年以来，日照市累计投入中央海岛及海域保护资金和市级海域使用金 4 亿元，将其打造成全国首个港口岸线修复为生态岸线的实例。

10 月 30 日 "万里黄河第一隧"济南黄河隧道工程东线隧道率先贯通。这标志着我国在建的最大直径公轨合建盾构隧道取得重大进展，在人类历史上首次穿越地上"悬河"。

10 月 31 日 董家口至梁山高速公路新泰至宁阳段、宁阳至梁山段同时建成通车。山东高速公路通车里程突破 7000 公里。12 月 26 日，高唐至东阿高速公路开通，山东高速公路通车里程突破 7400 公里，重返全国第一方阵。

11 月 4 日 第三届中国国际进口博览会在上海开幕。山东搭建起"1+16+2"的组织体系，即 1 个省交易团、16 个市交易分团（青岛单独组团）和省卫生健康委、省国资委 2 个省直交易分团。全省注册报名单位 5636 家，报名人数 18716 人，居全国第四位。进博会期间，山东举办与世界 500 强产业链高质量合作发展对话活动；组织展示展演交流活动，举办山东省老字号暨非遗文化形象展，设立山东老字号暨非遗文化体验馆。

11 月 7 日 黄河流域生态保护和高质量发展国际论坛在济南举行，主题为"构建共谋共治共建共享新格局，谱写黄河流域生态保护和高质量发展新篇章"。

11 月 11 日 山东省抗击新冠肺炎疫情表彰大会在济南举行。会上宣读《中共山东省委、山东省人民政府关于表彰山东省抗击新冠肺炎疫情先进个人和先进集体的决定》《中共山东省委关于表彰山东省优秀共产党员和山东省先进基层党组织的决定》，决定授予898人"山东省抗击新冠肺炎疫情先进个人"称号，授予299个集体"山东省抗击新冠肺炎疫情先进集体"称号，授予114人"山东省优秀共产党员"称号，追授5人"山东省优秀共产党员"称号，授予90个基层党组织"山东省先进基层党组织"称号。

11月13日　以"资本·赋能·发展"为主题的2020中国产业·资本对接大会在济南举办。

11月20日　全国精神文明建设表彰大会在北京召开，对第六届全国文明城市、第六届全国文明村镇、第六届全国文明单位、第二届全国文明家庭和全国未成年人思想道德建设工作先进单位进行表彰。山东省受表彰情况全国居前，全国文明城市再添8个。至此，山东已有11个地级以上市、12个县级市获得全国文明城市荣誉称号。

11月24日　省委全面深化改革委员会召开第九次会议，会议审议《关于党的十八届三中全会以来全面深化改革落实情况的总结评估总报告》《关于构建更加完善的要素市场化配置体制机制的实施意见》《关于加快山东省农业保险高质量发展的实施意见》《山东省深化医疗保障制度改革的实施意见》等文件。

11月26日　潍莱高铁通车仪式在平度站举行。潍莱高铁是山东省"三横"快速铁路网的"中部通道"。该线路起自济青高铁潍坊北站，向东经昌邑市、平度市、莱西市，与青荣城际莱西北站接轨，全长125.97公里，设计时速350公里。潍莱高铁项目建成通车，青岛在全省率先实现"县县通高铁"。

11月30日—12月2日　省委十一届十二次全体会议在济南举行。会议审议通过《中共山东省委关于制定山东省国民经济和社会发展第十四个五年规划和二〇三五年远景目标的建议》。

11月　全省64个建档立卡少数民族贫困村、14275名建档立卡少数民族贫困人口全部实现脱贫，贫困发生率"归零"。

11 月 山东全面完成农村人居环境整治三年行动任务，累计完成改厕 1090 多万户，完成生活污水治理的行政村占比达到 30% 以上，农村生活垃圾无害化处理的行政村稳定在 95% 以上。

12 月 7 日 以"守信互信·共践共行——携手推进网络诚信建设"为主题的 2020 中国网络诚信大会在曲阜市开幕。大会发布 2020 年度中国网络诚信十大新闻、2020 年度涉新冠肺炎疫情防控辟谣榜，举办"青诚之声"网络诚信宣誓活动，发布网络诚信《尼山倡议》。大会还举行了 5 场平行论坛、山东社会信用体系建设成果展、社会信用立法专题研讨会等配套活动。

12 月 8 日 省政府召开省国土空间规划委员会第一次全体会议，听取《山东省国土空间规划（2020—2035 年)》编制有关重大问题的汇报，研究生态保护红线划定方案和自然保护地整合优化预案，原则通过《山东省空间类专项规划编制目录清单管理暂行办法》。

12 月 17 日 文化和旅游部在荣成市公布第二批国家全域旅游示范区名单，荣成市、沂南县、烟台市蓬莱区、齐河县、济南市章丘区 5 个县（市、区）入选。加上 2019 年首批被认定的青州市、青岛崂山区、曲阜市，全省已有 8 个县（市、区）入选国家全域旅游示范区。

12 月 18 日 省政府批复同意山东广播电视大学更名为山东开放大学。23 日，山东开放大学揭牌仪式在济南举行。

12 月 18 日 新泰至台儿庄高速公路全线通车。新台高速全长约 157.5 公里，总投资 154.52 亿元。

12 月 18 日 全国"快递进村"试点工作现场会在济宁召开。2020 年 7 月，济宁市被确定为"快递进村"全国试点市。12 月中旬，济宁市 6000 多个行政村基本实现"快递进村"全覆盖。

12 月 24 日 青岛地铁 1 号线北段（青岛北站—东郭庄站）、8

号线北段（胶州北站—青岛北站）通车仪式举行，这是全省首次实现地铁双线同步开通运营。双线开通后，青岛地铁线网运营线路达到 6 条，运营总里程 246 公里，跻身全国前 10 名。

12 月 25 日—26 日 省委经济工作会议在济南举行。会议贯彻落实习近平总书记对山东工作重要指示要求，总结 2020 年及"十三五"时期经济工作，分析当前形势，部署 2021 年任务。

12 月 30 日 省政府办公厅印发《关于进一步深化户籍管理制度改革促进城乡融合区域协调发展的通知》，部署新一轮户籍管理制度改革，全面放开城镇落户限制，畅通城乡户口双向流动渠道，最大限度满足城乡居民自主选择定居的意愿。

12 月 30 日 中宣部授予山东港口集团青岛港"连钢创新团队""时代楷模"荣誉称号。此前,8 月 31 日，省委宣传部授予其"齐鲁时代楷模"称号。

12 月 31 日 省政府召开新闻发布会公布，山东污染防治攻坚战确定的阶段性目标任务和国家下达的 9 项约束性指标全部完成。

本年 全省生产总值达到 7.3 万亿元，提前一年实现比 2010 年翻一番的目标，人均生产总值突破 1 万美元。

本年 经国家统计局确认，2020 年，山东农林牧渔业总产值首次突破 1 万亿元，成为全国首个农业总产值过万亿元的省份。

本年 山东在全国率先建成以黄河三角洲农业高新技术产业示范区为龙头、19 个国家农业科技园区和 18 个省级农高区为重点、121 个省级农业科技园为依托，覆盖全省涉农县（市、区）的农业科技园区四级体系。

本年 从 11 月开始，省扶贫开发领导小组对 16 个市脱贫攻坚目标任务完成情况进行全面系统的评估验收。截至 2020 年底，全省现行标准下建档立卡贫困人口全部稳定脱贫，"两不愁三保障"全面实现，贫困地区生产生活条件明显改善，贫困群众生活质量明显提升，如期完成了脱贫攻坚目标任务。

本年　山东高速铁路通车里程达 2110 公里，由全国第 13 位跃升至第 3 位，形成"一纵两横"环鲁高速铁路网。

二〇二一年

1月6日　山东省第一个劳模工匠主题展馆——青岛市劳模工匠展示馆正式开馆。

1月7日　中国科学技术大学宣布，中国科研团队成功实现地面跨度 4600 公里的星地一体的大范围、多用户量子密钥分发，验证了构建天地一体化量子通信网络的可行性。该成果已在英国《自然》杂志刊发。济南量子技术研究院参与该项目。

1月11日　山东沂蒙精神研究会成立大会暨沂蒙精神与新时代党群关系理论研讨会在济南召开。

1月13日　我国首个"企业碳标签"项目在邹平市山东创新集团启动。企业将在产品标签上标示生产中的温室气体排放量，引导低碳消费。

1月17日　省委农村工作会议召开，会议提出全省农业农村工作要以全面推进乡村振兴为总抓手，以高质量发展为主题，以农业供给侧结构性改革为主线，以科技创新为引领，以改革开放为动力，统筹发展和安全，加快农业农村现代化，促进农业高质高效、乡村宜居宜业、农民富裕富足，确保打造乡村振兴齐鲁样板取得新的重要进展。

1月17日　全省巩固拓展脱贫攻坚成果同乡村振兴有效衔接工作会议在济南召开，研究部署巩固拓展脱贫攻坚成果同乡村振兴有效衔接工作。

1月19日 全省首个志愿服务中心——城阳区志愿服务中心在青岛市城阳区启用。

1月30日 省政府公布《山东省企业职工生育保险规定》。《规定》扩大了生育保险制度的覆盖面，明确了生育保险费筹集方式，规范了生育保险医疗服务，简化了生育保险办理程序。

1月30日 "齐鲁号"欧亚班列鲁欧快线（胶州—杜塞尔多夫—鹿特丹—伦敦）首班开行。

2月2日－6日 省十三届人大五次会议在济南召开。大会表决通过省十三届人大五次会议关于政府工作报告的决议、关于山东省国民经济和社会发展第十四个五年规划和二〇三五年远景目标纲要的决议等。

2月8日－9日 山东省社会科学界第八次代表大会在济南召开。大会全面总结省社科界第七次代表大会以来的工作，研究部署今后五年全省社会科学事业的主要目标、发展思路和工作任务，审议通过《省社科联第七届委员会工作报告》和《山东省社会科学界联合会章程（修改草案）》，选举产生省社科联新一届委员会。

2月18日 省委、省政府召开全省2021年工作动员大会。会议立足新发展阶段，贯彻新发展理念，服务构建新发展格局，聚焦高质量发展主题，锚定"七个走在前列""九个强省突破"，动员全省广大党员干部群众乘势而上求突破、发愤图强开新局。

2月25日 全国脱贫攻坚总结表彰大会在北京召开。山东省41人（含追授）被授予脱贫攻坚先进个人，32个集体被授予脱贫攻坚先进集体。脱贫攻坚战全面打响以来，山东省5年累计实施产业扶贫项目2.56万个，总投资315亿元，实现扶贫收益32.7亿元；全省3437家扶贫车间，累计吸纳7.1万贫困人口就业；累计资助贫困家庭学生87.3万人次；累计培训贫困劳动力44.3万人次，年均帮助40多万贫困劳动力实现务工就业。

2月26日 山东省举行2021年春季重大项目集中开工活动，总投资6737亿元的812个重大项目集中开工建设。

2月28日 山东省党史学习教育动员大会在济南召开，强调要引导广大党员干部学史明理、学史增信、学史崇德、学史力行，牢记初心使命、传承红色基因，守正创新、锐意进取，全面开创新时代现代化强省建设新局面，以优异成绩庆祝中国共产党成立100周年。全省各地搭建学习平台、创新学习形式，党史学习教育不断走深走实。

3月1日 全省政法队伍教育整顿动员部署会议在济南召开。会议以习近平新时代中国特色社会主义思想为指导，深入贯彻习近平法治思想，传达学习全国政法队伍教育整顿动员部署会议精神，部署开展全省政法队伍教育整顿。

3月1日 山东省老年人电子优待证正式启用，这是全国首个省级老年人电子优待证应用服务。

3月3日 省功勋荣誉表彰工作领导小组第一次全体会议在济南召开，会议深入学习贯彻习近平总书记关于功勋荣誉表彰工作的重要指示要求，审议有关文件，研究部署全省功勋荣誉表彰工作。

3月4日 全省耕地和种子工作暨春季农业生产现场会议在肥城市召开。会议深入学习贯彻习近平总书记关于"三农"工作的重要论述，落实中央农村工作会议和全国春季农业生产工作电视电话会议精神，对加强耕地保护和打好种业翻身仗进行部署，安排春季农业生产工作。

3月9日 山东省与济南市共建山东第一医科大学备忘录签署仪式在山东第一医科大学济南主校区举办。省教育厅、省卫生健康委、济南市人民政府确定全力支持山东第一医科大学打造国内领先、国际上有重要影响的应用研究型一流大学。

3 月 12 日　青岛市供应链协会联合山东文康律师事务所共同成立"青岛市供应链行业法律公共服务中心"。这是全国首个供应链行业法律公共服务中心。

3 月 13 日　山东举行沿黄九市一体打造黄河下游绿色生态走廊暨生态保护重点项目集中开工活动。这次集中开工的 93 个项目，总投资 427 亿元，年度计划投资 152 亿元，涵盖湿地保护修复、生物多样性保护、滩区湖区生态修复保护等多种类型。沿黄 25 个县（市、区）有关项目同步开工。

3 月 15 日　世界经济论坛在瑞士日内瓦宣布"全球灯塔网络"迎来新成员：具有 118 年历史的青岛啤酒厂与博世、惠普、西门子、富士康等公司一道入选，成为全球首家啤酒饮料行业工业互联网"灯塔工厂"。

3 月 17 日　山东首个海洋产业装配式建筑生产基地——北方蓝色海洋经济科研生产基地在海阳市留格庄镇开工建设。

3 月 18 日　山东省举行重点外商投资项目集中签约仪式，通过"主会场＋各市分会场＋投资方签约代表"视频连线的方式，签约 94 个外资项目，投资总额 114.4 亿美元，合同外资额 44 亿美元。

3 月 18 日　中国生态文化协会发布通报，面向全国宣传推广 2020 年研究梳理出的 128 个生态文化村先进建设经验，其中山东省有 7 个村（社区）上榜。至此，全省共有 48 个村（社区）获评全国生态文化村。

3 月 19 日　韩国政府为中小企业设立的海外首个支援中心——韩国中小企业支援中心，进驻位于青岛市城阳区的中韩交流合作"国际客厅"。首个由中韩官方联合打造的 O2O 平台"中韩优品"宣布启用。

3 月 19 日　冰鉴人才产业云平台总部在青岛西海岸新区揭牌。

由该总部联合海发集团、沛鹰科技打造的全国首个数字金融支撑下的人才产业互联网平台同步启用。

3月23日 深化山东与港澳台合作推进会在济南召开。活动以"新格局、新机遇、新发展"为主题，贯彻落实习近平总书记重要指示要求，与广大港澳台同胞共享机遇、共谋发展、深化合作。

3月23日 山东省人民政府与中国农业银行股份有限公司在济南签署金融服务乡村振兴暨新旧动能转换战略合作协议。

3月23日 日钢集团与冶金工业规划研究院"碳达峰暨低碳发展专项规划"合作协议签约活动在日照举行。这是山东省钢铁行业首个启动的碳达峰、碳减排具体行动方案。

3月25日 省对口支援和扶贫协作工作领导小组召开会议，总结"十三五"以来全省支援协作工作，审议山东省"十四五"对口支援西藏、青海、新疆、兵团十二师规划，审议2021年对口支援和东西部协作重庆、甘肃工作重点事项，研究部署下一步工作。

3月26日 省新旧动能转换综合试验区建设领导小组召开扩大会议，总结2018年以来综试区建设推进情况，研究部署下一步工作。会议审议《山东省新旧动能转换"五年取得突破"工作方案(2021—2022年)》《全省落实"三个坚决"行动方案（2021—2022年)》等。

3月30日 山东省首个《政务服务"一窗受理"工作规范》地方标准在东营发布，5月1日起在东营施行，填补了山东省政务服务一窗受理工作在标准领域的空白。

3月31日 山东省退役军人专属服务大厅在山东省退役军人就业创业孵化基地——济南中心挂牌成立。服务大厅为退役军人创办企业、社会组织、非企业单位、基金会等提供便捷服务，开辟"绿色通道"。

3月31日 山东省青岛即墨综合保税区、淄博综合保税区通过由海关总署牵头联合验收组的验收，正式启用。至此，全省13个综合保税区已全部通过国家验收，数量居全国第三。

3月至4月 山东省首届全民国家安全宣传教育创意大赛举办。

4月1日 山东省人民政府与中国建设银行股份有限公司在济南签署金融服务现代化强省建设和高质量发展战略合作协议。

4月2日 菏泽牡丹机场正式通航，为4C级中国国内支线机场。航站楼面积10916平方米，可满足年旅客吞吐量90万人次、货邮吞吐量6500吨、飞机起降9184架次的使用需求。

4月6日 "齐鲁号"欧亚班列首班芬兰回程班列顺利抵达上合示范区青岛多式联运中心，标志着"齐鲁号"欧亚班列依托上合示范区多式联运中心，将服务范围由上合组织国家进一步拓展到北欧地区。

4月13日 济宁市汶上县新风光电子科技股份有限公司在上海证券交易所科创板上市。这是山东省首家科创板上市国企。

4月14日 省扶贫开发领导小组召开全体会议，学习贯彻习近平总书记关于脱贫攻坚的重要论述，听取工作汇报，审议有关文件，研究部署下一步工作。

4月16日 国家燃料电池技术创新中心建设推进座谈会暨"氢进万家"和"北斗星动能"科技示范工程启动会在济南举行。会上，国家燃料电池技术创新中心揭牌。科技部和山东省人民政府签署"氢进万家"科技示范工程及"北斗星动能"科技示范工程框架协议。

4月17日 省政府办公厅印发《山东省政务服务"双全双百"工程实施方案》，提出2021年底前，围绕企业开办、准营、运营、退出等阶段，个人出生、教育、工作、养老等阶段，各推出不少于100项企业和群众办事需求大、关联度强、办理频率高的事项，实现极简办、集成办、全域办，提升企业和群众获得感和满意度。

4月18日 省政府印发《山东省优化营商环境创新突破行动实施方案》，提出锚定"走在前列"目标，推动全省营商环境整体水平走在全国前列，济南市、青岛市在副省级城市中走在全国前列，淄博市、烟台市、济宁市等参加国评城市走在同类城市前列，其他城市主动寻求对标，努力实现追赶超越。

4月19日 首届济南国家级人工智能创新应用先导区高端峰会暨黄河流域人工智能创新应用博览会在济南开幕。本次峰会以"应用驱动创新，融合智造未来"为主题，是国内首次以国家级人工智能创新应用先导区冠名的高端峰会。

4月20日 省生态环境厅、省水利厅等4部门联合印发《山东省农村黑臭水体治理行动方案》。《行动方案》把农村地区房前屋后河塘沟渠和群众反映强烈的黑臭水体全部列为治理对象，要求3年内基本完成1398处农村黑臭水体治理工程。

4月20日 由中共中央宣传部、文化和旅游部、中国文学艺术界联合会共同举办的庆祝中国共产党成立100周年优秀舞台艺术作品展演开幕，民族歌剧《沂蒙山》作为开幕式演出剧目在国家大剧院唱响。

4月21日 全省稳就业保就业工作电视会议召开。会议总结工作，表彰先进，分析形势，安排部署就业重点任务。

4月25日 由中国人民对外友好协会和山东省人民政府共同举办的"中日韩对接合作发展山东行"活动在济南开幕。中日韩三国企业家和各界人士齐聚泉城，共叙友谊、共享机遇、共谋发展。

4月25日 省发展改革委印发《关于加快银发经济发展的若干措施》，围绕提质扩容老年产品市场、优化养老服务有效供给、提升医养结合服务能力、培育银发经济新业态等7个方面，提出22条具体可操作的工作措施，多措并举推动银发经济健康有序发展。

4月27日 "齐鲁一号"卫星和"齐鲁四号"卫星在太原卫星发射中心点火升空。此次发射"一箭九星",齐鲁卫星为主星。这是山东首次发射自己的高分辨率商业遥感卫星。

4月27日 全省新旧动能转换"五年取得突破"动员部署会议召开。

4月27日 山东省港口集团"潍坊—日本"外贸集装箱航线成功首航。

4月28日 第四批"山东省党史教育基地"名单公布。至此,全省共遴选命名4批263处"山东省党史教育基地"。

4月29日 山东首家工人运动纪念馆——青岛工人运动纪念馆开馆。该馆同时被青岛市委宣传部、市文明办命名为青岛市新时代文明实践基地。

4月29日 国科天骥(滨州)新材料有限公司光刻胶滨州生产园区交付暨试生产仪式在滨州经济技术开发区举行。这是中国科学院大学、滨州市人民政府、山东魏桥创业集团有限公司、中信信托有限公司等协同构建的"产学研融政"科技新生态的一项重大成果。

4月 国务院食品安全委员会印发《关于2020年食品安全工作评议考核结果的通报》,山东省在2020年国务院食品安全委员会食品安全评议考核中被评为A级。这是全省连续7年荣获国家食品安全评议考核A级等次。

5月7日 2021年省总湾长会议召开。会议总结2020年全省湾长制工作,研究部署下一步重点任务。会议审议《2021年全省湾长制工作要点》和渤海湾(山东部分)、莱州湾、丁字湾污染整治指导意见。

5月7日 省生态环境厅发布信息,山东、河南两省签署黄河流域跨省横向生态保护补偿协议,实施范围为黄河干流豫鲁段,河南省为上游区域、山东省为下游区域,补偿资金规模最高1亿元。

5月7日—10日 首届中国国际消费品博览会在海口市举办。山东省以"新消费、新贸易、新格局"为主题，举行"选择山东——新产品、新平台、新模式"发布会。遴选海尔、山东高速物流集团、能猫（山东）集团有限公司等8家企业就优质消费品资源和搭建畅通国内国际双循环新模式新平台作重点推介，包括采购商在内共约150人参会交流。

5月9日 中共中央总书记、国家主席、中央军委主席习近平给《文史哲》编辑部全体编辑人员回信。习近平对《文史哲》创刊70年来在弘扬中华文明、繁荣学术研究等方面作出的努力给予肯定，对办好哲学社会科学期刊提出殷切期望。此前，4月24日，《文史哲》创刊70周年纪念会暨"共和国人文学术历程的回顾与展望"学术研讨会在山东大学开幕。

5月10日 青岛西海岸新区不动产登记中心颁发全省第一本不动产居住权登记证明。

5月11日 全省继续推进巩固拓展脱贫攻坚成果同乡村振兴有效衔接电视电话会议在济南召开。会议学习贯彻习近平总书记在全国脱贫攻坚总结表彰大会上的重要讲话精神，落实省扶贫开发领导小组2021年第一次全体会议要求，分析形势，部署任务。

5月11日 山东省运用大数据、云计算等技术，率先打造的"救助全覆盖、五级全贯通"的山东省社会救助数字平台上线运行。

5月11日 "永远跟党走——奋斗百年路　启航新征程"庆祝中国共产党成立100周年全国（山东）公益电影主题放映活动，在平邑县温水镇永西村启动。

5月12日 省委常委会召开扩大会议，深入学习贯彻习近平总书记给《文史哲》编辑部的回信，研究贯彻落实意见。

5月13日 山东省会经济圈城市政协主席联席会议第一次会议

在济南召开。

5月19日 黄河流域景区发展论坛暨文化旅游发展大会在滨州举行，来自全国沿黄9个省（自治区）100余家文旅企业的代表参会。本次会议的主题为"携手 传承 融合 发展"，推动黄河流域旅游景区携手合作，传承和弘扬黄河文化，大力开展区域融合、产业融合、多文化融合，打造具有国际影响力的黄河文化旅游带，促进黄河流域生态保护和高质量发展。

5月21日 山东省第七次全国人口普查主要数据发布，全省常住人口为10152.7万人。

5月23日 山东省首个加氢母站在济南市莱芜区投产，首批氢能重卡投入运营，标志着全省"氢进万家"首个项目落地。

5月26日 省委、省政府在济南新旧动能转换起步区召开起步区建设动员大会，贯彻落实国务院批复文件精神，全力推进起步区建设开局起步。

5月27日 省委全面依法治省委员会召开第四次会议。会议审议《山东省贯彻〈法治中国建设规划（2020—2025年)〉实施方案》《山东省贯彻落实〈法治社会建设实施纲要（2020—2025年)〉的具体措施》《党政主要负责人履行推进法治建设第一责任人职责情况列入年终述职内容工作方案》等。

5月27日 《山东省乡村振兴促进条例》经省十三届人大常委会第二十八次会议审议通过，自7月1日起施行。《条例》以五大振兴为主要内容，并专章对城乡融合、扶持措施和监督管理作了细化规定。

5月28日 中车四方股份公司为埃及斋月十日城铁路项目研制的首列市域电动车组下线，这是我国出口埃及的首列电动车组。

5月28日 全省首家混合所有制招商公司——烟台博智企业管

理有限公司在烟台开发区挂牌运营，标志着烟台开发区招商引资模式进一步革新。

5月31日 山东省乡村振兴研究会成立大会在济南召开。研究会是由山东社会科学院等10家单位发起成立的跨行业、跨学科、跨领域的研究机构。

6月2日 在全国系统化全域推进海绵城市建设示范评审中，潍坊市作为全省唯一参评城市，在首批入围的20个示范城市中名列第三。

6月3日 2020年度全国"十大最美农村路"在临沂揭晓，临沂"爱尚沂南　红色之旅"环线等10条农村公路被推选为年度"最美农村路"；安丘市"天路"（十徐路）等5条农村公路被推选为"我家门口那条路——最具人气的路"。

6月4日 王尽美烈士雕塑在其母校济南幼儿师范高等专科学校落成，省内首个以烈士命名的学院——王尽美思政教育学院在该校挂牌成立。

6月6日 《潍坊市全面推进乡村振兴加快实现农业农村现代化指标体系（试行）》在北京发布，旨在为引领、监测、评估潍坊市农业农村现代化提供定量工具，助力山东省打造乡村振兴齐鲁样板。这是山东省地级市中首个发布的农业农村现代化指标体系。

6月6日—8日 中共中央政治局常委、中央纪委书记赵乐际到山东调研。赵乐际强调，纪检监察干部在党史学习教育中要把职责摆进去，贯通理解把握纪委在党的百年奋斗历程中担负的责任使命，深入总结运用协助党委管党治党的宝贵经验，扎实推进新时代纪检监察工作高质量发展。

6月8日 中央广播电视总台山东总站成立暨签约仪式在济南举行。

6月9日 全省扫黑除恶专项斗争总结表彰大会在济南召开，全面总结山东省扫黑除恶专项斗争取得的成效，表彰先进、总结经验，对常态化开展扫黑除恶斗争进行安排部署。

6月10日 省商务厅等14部门联合印发《关于促进释放大宗消费重点消费农村消费潜力的通知》，围绕汽车消费、家电家具消费、线上消费、餐饮消费、农村消费和政策保障6个方面，提出15项工作措施。

6月11日 省生态环境委员会召开第二次全体会议，深入贯彻落实习近平生态文明思想，总结2020年全省生态环境工作，审议有关文件，研究部署下一步工作。会议审议《关于建立流域横向生态补偿机制的指导意见》《南四湖流域水污染综合整治三年行动方案(2021—2023年)》《2021年度南四湖水污染综合整治工作计划》等。

6月11日 山东省获得2018—2019年度"无偿献血先进省"荣誉称号，实现连续7届14年获此殊荣。

6月15日—16日 山东省脱贫攻坚表彰暨乡村振兴工作推进会议在济南召开。会议表彰山东脱贫攻坚400个先进集体和600名先进个人，总结工作，交流经验，讨论有关文件，进一步明确全面推进乡村振兴的重点任务，推进巩固拓展脱贫攻坚成果同乡村振兴有效衔接，在新起点上推动打造乡村振兴齐鲁样板取得新进展新成效。

6月18日 由省委、省政府主办的山东与世界500强连线暨深化与欧盟合作推进会在济南举行。

6月23日 省委召开海洋强省建设工作会议，总结海洋强省建设的成效和经验，分析存在的问题和不足，安排部署海洋强省建设工作任务。

6月23日 2021年度山东省总河长会议在济南召开。会议深入贯彻习近平生态文明思想，传达学习全面推行河湖长制工作部际联席会议暨加强河湖管理保护电视电话会议精神，总结河长制湖长制工作进展情况，审议有关文件，安排部署下一步重点工作。

6月24日 全球首个自贸试验区绿色发展指标体系在青岛自贸片区绿色发展大会上发布，标志着青岛自贸片区在制度创新领域取得又一重要突破，引领全球自贸试验区"绿色低碳生态发展新模式"。

6月27日 "让党旗永远飘扬——山东省庆祝中国共产党成立100周年主题展"在山东博物馆开展。展览以时间为主线，通过530余幅图片、210余件（套）文物实物、50余项500余条音视频及多媒体展项，集中展示中国共产党成立百年来特别是党的十八大以来，在党中央坚强领导下，山东党组织团结带领全省人民取得的历史性成就、发生的历史性变革。

6月28日 山东产权交易集团在济南成立，加挂山东省公共资源（国有产权）交易中心牌子，标志着全省统一的综合性资源要素市场化交易平台成立运营。

6月29日 全球首创智能空中轨道集疏运系统（示范段）竣工仪式在山东港口青岛港全自动化集装箱码头举行。

7月1日 庆祝中国共产党成立100周年大会举行。习近平宣告，经过全党全国各族人民持续奋斗，我们实现了第一个百年奋斗目标，在中华大地上全面建成了小康社会，历史性地解决了绝对贫困问题，正在意气风发向着全面建成社会主义现代化强国的第二个百年奋斗目标迈进。这是中华民族的伟大光荣，这是中国人民的伟大光荣，这是中国共产党的伟大光荣。习近平讲话指出，初心易得，始终难守。以史为鉴，可以知兴替。我们要用历史映照现实、远观未来，从中国共产党的百年奋斗中看清楚过去我们为什么能够成功、弄明白未来我们怎样才能继续成功，从而在新的征程上更加坚定、更加自觉地牢记初心使命、开创美好未来。回首过去，展望未来，有中国共产党的坚强领导，有全国各族人民的紧密团结，全面建成社会主义现代化强国的目标一定能够实现，中华民族伟大复兴的中国梦一定能够实现。省级党员领导干部集体收听收看庆祝中国共产党成立 100 周年大会实况，聆听习近平总书记重要讲话。下午，省委召开省级党员领导干部会议，深入学习贯彻习近平总书记重要讲话精神。

后 记

  《全面建成小康社会山东大事记》根据中共中央宣传部统一部署，由中共山东省委宣传部牵头组建编写组，中共山东省委党史研究院（山东省地方史志研究院）负责书稿编写，山东人民出版社承担出版任务。

  本书全面、系统、客观地纪录了党领导人民打赢脱贫攻坚战、全面建成小康社会伟大历史进程中的山东实践，忠实纪录了中华人民共和国成立以来，特别是党的十八大以来山东省推进小康社会进程中的关键节点、重要文件、重要会议、典型人物、重大事件等，生动展现了山东省全面建成小康社会进程中经济、文化、社会、生态等各方面的辉煌历程和突出成就。

  中共山东省委党史研究院（山东省地方史志研究院）院长赵国卿主持本书编写并终审，副院长姚丙华负责全书统稿并初审。全书编写过程分为两个阶段：组织编写阶段，中共山东省委党史研究院（山东省地方史志研究院）张耀龙、杜泉同志在《中共山东百年历史大事记》《中华人民共和国成立七十年山东大事记》《山东改革开放 40 年大事记》的基础上整理编写，在充分征求有关专家意见后，于 2021 年 7 月完成并上报中共山东省委宣传部；修改完善阶段，根据中共山东省委宣传部提出的意见，中共山东省委党史研究院（山东省地方史志研究院）组织有关专家学者和业务骨干共同修改完善，其中，韩立明、王耀生、秦国杰、邢菲等同志重点编写和补充了党的十八大以后的条目内容，于 2022 年 3 月完成。

在本书编写过程中，中共山东省委党史研究院（山东省地方史志研究院）闫化川、郭洪云、张艳芳、马明、尹飞鹏等同志提出很多修改意见和合理化建议。在此，对大力支持和参与本书编写的单位和人员，一并表示诚挚感谢！

由于本书编写内容时间跨度大、涉及资料多，加之编者水平所限、时间仓促，书中难免存在疏漏和不足之处，敬请广大读者批评指正。

本书编写组

2022 年 6 月